Renate Völker | Karl-Otto Völker

Gottlieb Daimler

Für Nico und Robin Völker

Renate Völker | Karl-Otto Völker

Gottlieb Daimler

Ein *bewegtes* Leben

Silberburg-Verlag

Umschlagvorderseite, oben:
Gottlieb Daimler im fortgeschrittenen Alter.

Umschlagvorderseite, unten:
Gottlieb Daimler lässt sich im Fond seiner »Motorkutsche«
von seinem Sohn Adolf chauffieren.

Seite 1: Gottlieb Daimler, Porträtzeichnung.

Umschlagrückseite: Die Familie Daimler um 1885
auf der Terrasse der Cannstatter Villa.

2. Auflage 2014

© 2013/2014 by Silberburg-Verlag GmbH,
Schönbuchstraße 48, D-72074 Tübingen.
Alle Rechte vorbehalten.
Umschlaggestaltung und Layout: Björn Locke, Nürtingen.
Autor des Kapitels »Der Herr Mercedes«: Jochen Fischer, Korb.
Druck: Gulde Druck, Tübingen.
Printed in Germany.

ISBN 978-3-8425-1230-6

Besuchen Sie uns im Internet und entdecken Sie die
Vielfalt unseres Verlagsprogramms:
www.silberburg.de

Inhalt

Prolog

»Das Beste oder nichts«

Es ist ein wahrhaftig bewegender Tag für Gottlieb Daimler. Durch die Taubenheimstraße in Cannstatt dringt Motorenlärm, Benzingeruch liegt in der Luft. Nachbarn kommen aus ihren Häusern, elegant gekleidete Herrschaften strömen aus dem nahen Kurpark. Gottlieb Daimler sitzt an jenem Oktobertag des Jahres 1899 am Fenster seiner Villa und blickt auf die Automobil-Parade herab: Omnibusse, Personen-, Last- und Rennwagen. Insgesamt zwölf Fahrzeuge defilieren an seinem Anwesen vorbei. Adolf Daimler hat diesen Zug als Hommage an seinen bereits schwer kranken Vater arrangiert. Die Fahrzeuge sind eigentlich auf dem Weg nach Potsdam zu Kaiser Wilhelm II. Seine Hoheit hatte verlangt, man möge ihm sämtliche Daimler-Wagen vorführen.

Gottlieb Daimler, der Bäckersohn aus Schorndorf, betrachtete das Ergebnis seines Schaffens mit Rührung und Ergriffenheit. Seine Vision einer universell anwendbaren Antriebsquelle für den motorisierten Verkehr zu Lande, zu Wasser und in der Luft ist endlich, am Ende des 19. Jahrhunderts und am Ende seines Lebens, Wirklichkeit geworden. Mit der Erfindung des schnelllaufenden

Benzinmotors hat der gelernte Büchsenmacher zusammen mit Wilhelm Maybach, dem »König der Konstrukteure«, die Weichen für eine weltweite Motorisierung und den Automobilverkehr gestellt. Ob er das in diesem Augenblick ahnte? Wir wissen es nicht.

Was wir wissen ist, dass Jahre zuvor, im berühmten Gewächshaus – der Versuchswerkstatt im Garten seiner Villa – Daimler und Maybach drei Jahre lang unter größter Geheimhaltung an der Idee einer »selbsttätigen Fahrerei« feilten und tüftelten. Heute wissen wir, dass hier, an diesem mythischen Ort der Technikgeschichte, die Tür zu einer neuen Zeit aufgestoßen wurde. Daimlers grundlegender Ansatz war es, Benzin als ausschließlichen Brennstoff für leichte Motoren zu verwenden und diesen in allen nur denkbaren Fahrzeugen einzusetzen.

Am 10. November 1885 war es dann so weit: Mit dem sogenannten Reitwagen, dem ersten Motorrad der Welt, fuhr Wilhelm Maybach von Cannstatt nach Untertürkheim – mit einem halben PS und einer Höchstgeschwindigkeit von zwölf Kilometern pro Stunde. Ein knappes Jahr später, im Herbst 1886, brachte das geniale Erfinderteam die vierrädrige Motorkutsche auf die Straße. Das »Gespann ohne Pferde« erreichte immerhin schon eine Höchstgeschwindigkeit von 16 Kilometern pro Stunde. Auf der Weltausstellung in Paris 1889 präsentierten Daimler und Maybach den im selben Jahr von Wilhelm Maybach konstruierten »Stahlradwagen«.

Diese Automobilkonstruktion prägte maßgeblich, vor allem in Frankreich, die Weiterentwicklung des Automobils. Jener Stahlradwagen war auch der Zündfunke für die Motorisierung Amerikas. Vier Jahre später, auf der Weltausstellung in Chicago 1893, wurde auch dem amerikanischen Publikum zum ersten Mal ein funktionsfähiges Automobil gezeigt. Gottlieb Daimler, der sich in jenem Jahr mit seiner zweiten Ehefrau Lina Hartmann auf Hochzeitsreise in den USA befand, konnte selbst miterleben, wie Hunderttausende zu diesem Wunderwerk der Technik strömten.

Als Daimler wenige Monate vor seinem Tod in der Cannstatter Taubenheimstraße auf sein Lebenswerk

Gottlieb Daimler
gegen Ende seines
Lebens.

zurückblickte, tat er dies aber gewiss auch mit gemischten Gefühlen. So beglückend es für ihn gewesen sein muss, seine Vision von einem universell einsetzbaren Antrieb für Land-, Wasser- und Luftfahrzeuge verwirklicht zu haben, so schmerzlich müssen ihn seine unternehmerischen Niederlagen berührt haben: Gottlieb Daimler ist es schlussendlich nicht gelungen, sein Unternehmen für seine Nachkommen zu erhalten. Die von ihm gegründete Daimler-Motoren-Gesellschaft war in die Abhängigkeit von Geldgebern geraten, aus der sich Daimler bis zu seinem Lebensende nicht mehr befreien konnte.

Gottlieb Daimler war ein echter Schwabe: bescheiden, sparsam, eigenwillig und zuweilen ein »Sturkopf«. Vor allem von Kaufleuten ließ er sich ungern bevormunden. Er empfand deren zumeist auf schnellen Profit zielende Einwände

häufig als Missachtung und Demütigung der Arbeitsleistung von Ingenieuren. Gleichzeitig war der Schwabe Daimler aber auch welt- und sprachgewandt, ein sensibler Beobachter seiner Zeit. Seine vielen Zeichnungen, die auf seinen Reisen entstanden, zeigen den künstlerischen Menschen und den Naturliebhaber.

»Das Beste oder nichts« war einer seiner Leitsätze. Darunter verstand der Ingenieur vor allem: »hochwertiges Material in Verbindung mit erstklassiger Werkmannsarbeit«. Dieses Leitmotiv steht heute unter dem Dach des Gartenhauses in Bad Cannstatt geschrieben. Und die Umsetzung dieses Leitmotivs war letztlich das Geheimnis seines Erfolges. Auf einer Postkarte, die er von seiner einstigen Wirkungsstätte, der Gasmotorenfabrik Deutz bei Köln, an seine Familie schickte, malte er einen Stern und vermerkte darunter: »Von hier aus wird ein Stern aufgehen und ich will hoffen, dass er uns und unseren Kindern Segen bringt.« Bedenkt man, welche Rolle der Stern später spielen sollte,

Unter größter Geheimhaltung arbeiteten Daimler und Maybach an ihrer Vision vom leichten, schnelllaufenden Benzinmotor. Das Gewächshaus im Garten der Daimler'schen Villa diente ihnen dabei lange Zeit als Versuchswerkstatt.

Rechte Seite:
Die Fusionsurkunde
von 1926. 26 Jahre
nach dem Tod
Daimlers vereinigten
sich die Daimler-
Motoren-Gesellschaft
und Benz & Cie zur
Daimler Benz AG.
Dabei entstand die
Markenbezeichnung
»Mercedes-Benz«.

so gewinnt diese Äußerung eine geradezu prophetische Qualität.

Den Siegeszug der Automobilmarke mit dem Stern hat Gottlieb Daimler nicht mehr erlebt. Der Erfinder starb am 6. März 1900. Zwei Tage später fand unter großer Anteilnahme die Beerdigung statt. Bis zu seinem Tod hatten alle Produkte, Motoren und Fahrzeuge den Namen »Daimler« getragen. Erst als Emil Jellinek, ein in Nizza lebender österreichischer Großkaufmann, durchsetzte, Fahrzeuge der Daimler-Motoren-Gesellschaft unter dem Namen seiner Tochter Mercédès zu vertreiben, schmückte der spanische Mädchenname bald alle Fahrzeuge. 1902 wurde »Mercédès« als Markenbezeichnung geschützt. Der Name »Daimler« blieb als Firmenbezeichnung bestehen.

Heute, 2012, arbeiten unter dem Konzernnamen Daimler rund 275 000 Menschen in 17 Ländern auf fünf Kontinenten. Die Daimler AG vertreibt ihre Fahrzeuge und Dienstleistungen in nahezu allen Ländern der Erde. Sie ist mit einem Umsatz von rund 114 Milliarden Euro eines der erfolgreichsten Automobilunternehmen der Welt. Jährlich werden derzeit rund 2,2 Millionen Fahrzeuge verkauft.

Über 125 Jahre lang hat der Verbrennungsmotor für den Antrieb der Fahrzeuge gesorgt. Als Pionier des Automobilbaus gestaltet die Daimler AG aber auch in der Gegenwart die Zukunft der Mobilität: Neben den Fahrzeugen mit Verbrennungsmotor bietet das Unternehmen heute auch Hybridfahrzeuge, lokal emissionsfreie Elektrofahrzeuge mit Batteriebetrieb sowie Fahrzeuge mit Brennstoffzellenantrieb an.

Uns als Schorndorfer haben Gottlieb Daimler und seine Erfindungen immer begleitet. Aber erst das Automobiljubiläum 2011 gab letztlich den Anstoß, uns intensiver mit dem berühmtesten Sohn unserer Heimatstadt zu beschäftigen. Das Ergebnis unserer Arbeit ist eine Verbeugung: nicht nur vor den technischen Leistungen eines Jahrhundert-Ingenieurs, sondern vor allem vor einem Menschen, dessen Mut, Neues zu wagen und unbeirrt an einer großen Idee festzuhalten, ein Leben lang ungebrochen war.

MERCEDES
BENZ

Die beiden ältesten und größten
Automobilwerke Deutschlands haben sich
zusammengeschlossen, damit sie, gestützt auf
ihre mehr als 40 jährigen Erfahrungen im
Automobilbau, ihren gemeinsamen Ein-
kauf der Rohstoffe und des Fabrikations-
materials und eine großzügige Außen-
organisation ihren über die ganze Welt
verbreiteten Abnehmern

PERSONEN-UND NUTZFAHRZEUGE
IN UNÜBERTREFFLICHER GÜTE
PREISWERT DARBIETEN KÖNNEN.

DAIMLER-MOTOREN-
GESELLSCHAFT
Werk Untertürkheim,
Werk Marienfelde
Werk Sindelfingen

BENZ & Cie
Rheinische Automobil-und
Motorenfabrik · Aktien —
gesellschaft · Mannheim
Benzwerke Gaggenau ·

PAPE

13

Endes Unterschriebener bekenne mit
dieser Schrift, daß Ferdinand Prager
Wirt von Adelberg, so lang er hier in
Garnison gelegen, ich bey mir nachundnach
aberzehrt hat — Eilf Gulden. 30
Wofür sein Schwager Jos: Zarnz?
von Schornbach Bürg und Selbst=
geworden ist, und mir unter heut
mit Dank bezahlt hat.

bezeugt mein

Schorndorf, den 25 August. Fr
1814

Die Daimlers in Zeiten der Not

»Möge die Fahrt glücklich enden«

In Pottiga, einem Dorf im thüringischen Vogtland unweit der Saale, bündelt 1653 ein zwanzigjähriger Zimmermann seine wenigen Habseligkeiten. Er wirft sich den Sack auf den Rücken, setzt seinen Hut auf und begibt sich wie viele seiner Zunft auf Wanderschaft. Ob er ein klares Ziel vor Augen hat – wir wissen es nicht. Nach mehreren Zwischenstationen erreicht er eines Tages das Herzogtum Württemberg. In Schorndorf im Remstal lässt er sich nieder. Sein Name ist Friedrich Deumler. Er ist der erste uns bekannte Vorfahre Gottlieb Daimlers.

Friedrich Deumler (die Schreibweise des Familiennamens änderte sich im Laufe der Zeit von Deumler über Däumler zu Daimler) kommt in eine Stadt, die vor mehr als zwanzig Jahren in den Wirren des Dreißigjährigen Krieges völlig zerstört wurde und immer noch unter den Nachwirkungen dieser Katastrophe zu leiden hat. Doch was das Leid des Einen ist, ist das Glück des Anderen: Denn der Zimmermann verspricht sich in dem darniederliegenden Ort gute Verdienstmöglichkeiten. In Schorndorf werden in jenen Tagen geschickte Männer und Frauen, die anzupacken verstehen, wahrhaft gebraucht.

Kaum wahrscheinlich, dass Friedrich Deumler die Geschichte Schorndorfs gekannt hatte, bevor er den Ort betrat. Zu verheerend waren die Zerstörungen im Dreißigjährigen Krieg im ganzen Reich, als dass die Kunde vom Schicksal eines württembergischen Provinzstädtchens bis ins Thüringische gelangt wäre. Man wird ihm erzählt haben, dass unter dem Oberbefehlshaber der kaiserlichen Truppen in Württemberg, Graf von Gallas, sieben Regimenter die befestigte Stadt am 23. November 1634 innerhalb von 18 Stunden mit ihren Feuerkugeln in Schutt und Asche gelegt hatten. Die Soldaten hatten die zu Hilfe eilenden Bürger mit Schwertern auseinanderge-

Kaiserliche Truppen beschossen am 23. November 1634 Schorndorf. Die Feuerkugeln legten die Stadt in Schutt und Asche. Als Friedrich Deumler fast 20 Jahre später das Remstal erreichte, war noch immer reichlich Aufbauarbeit zu leisten.

trieben, um sie am Löschen der Flammen zu hindern. Viele Menschen hatten in der Feuersbrunst den Tod gefunden. Mit Ausnahme des Burgschlosses, dem Chor der Stadtkirche und zwei kleinen Häusern am Unteren Tor war alles niedergebrannt. Kaiserliche Dragoner unter dem Kommando des irischen Oberst Butler – er war einer der Mörder Wallensteins – hatten daraufhin die Stadt in Besitz genommen.

Für Schorndorf begann eine lange Leidenszeit. Der einst durch Wein- und Salzhandel reich gewordenen Oberamtsstadt war jegliche wirtschaftliche Grundlage entzogen. Dann, von 1634 bis 1637, wütete die Pest, von den 4000 Bürgern lebten 1636 noch rund 200, die um das tägliche Überleben kämpfen mussten. Vor allem die

Die Daimlers in Zeiten der Not

Kontributionen (Sondersteuern) und Plünderungen lagen schwer auf den Menschen. Als bei der Inbesitznahme die von den kaiserlichen Truppen geforderten Kontributionen nicht aufgebracht werden konnten, wurde die gesamte Bürgerschaft acht Tage lang ins Schloss eingesperrt. Die Weinvorräte wurden von den Soldaten entweder getrunken oder zu Geld gemacht. Was übrig blieb, ließen die Besatzer in die Keller laufen. Insgesamt pressten die kaiserlichen und die französischen Besatzungen in 16 Jahren 371 800 Gulden aus der Bürgerschaft.

Als der Krieg am 24. Oktober 1648 mit dem Westfälischen Frieden endlich für beendet erklärt wurde, war Deutschland entvölkert und in seiner Entwicklung um Jahrzehnte zurückgeworfen. Auch Schorndorf erholte sich nur langsam von der Katastrophe. Wiesen, Äcker und Weinberge waren verwüstet und wurden nicht mehr bebaut. Vor allem die Weinbaufläche war dramatisch zurückgegangen. Der Wiederaufbau zog sich über viele Jahre hin und kam erst 1650 nach dem Abzug der feindlichen

Diese historische Ansicht Schorndorfs aus dem Jahre 1686 zeigt eine weitgehend wiederhergestellte Stadt. Kolorierte Federzeichnung von Andreas Kieser.

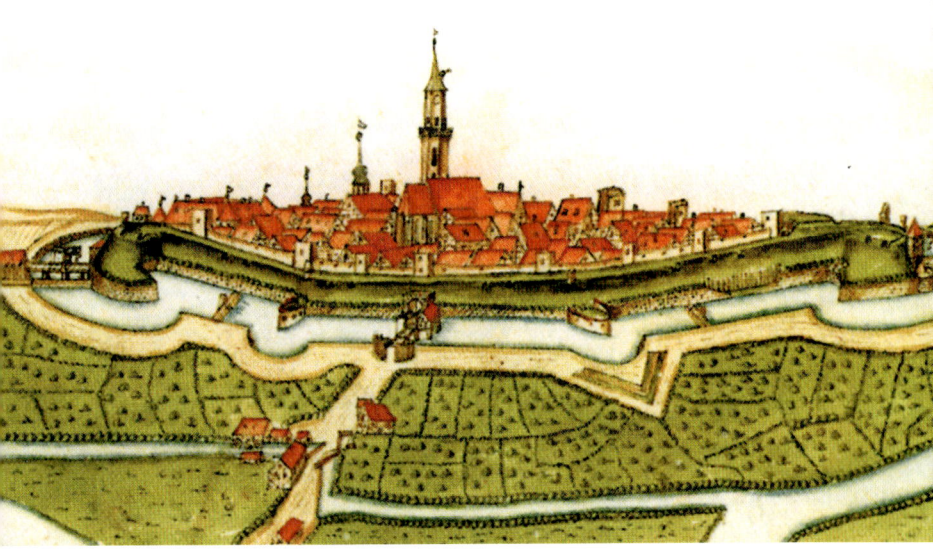

Rechte Seite:
Das einzige histo-
rische Dokument,
das Daimlers Groß-
vater hinterließ,
ist eine Verzehr-
rechnung an den
Soldaten Ferdinand
Steeger, ausgestellt
in Schorndorf am
25. August 1814.

Besatzung wieder in Gang. Die ersten errichteten Häuser waren Notunterkünfte. Auf die noch vorhandenen Erdge-schosse baute man Bauernhäuser aus Baumaterial der um-liegenden Gehöfte.

Die Stadt betrieb nun eine aktive Bevölkerungspolitik und hatte großes Interesse am Zuzug Auswärtiger. So er-hielt Friedrich Deumler rund drei Jahre nach seiner Ankunft ohne Schwierigkeiten das Bürgerrecht. Deumler bezahlte auf dem Rathaus 20 Gulden und gab gemäß Vorschrift einen ledernen Löscheimer ab. Der erste Schorndorfer »Daimler« hatte nicht nur Arbeit und eine neue Heimat gefunden, son-dern auch eine Ehefrau. Am 12. September 1660 heiratet er Anna Katharina Hartmann, die zwanzigjährige Tochter des Weingärtners und Ratsherrn Thomas Hartmann. Sie sind das erste Paar, das in der wiederaufgebauten Stadtkirche ge-traut wird. Friedrich und Anna Katharina bekommen sechs Kinder, drei Söhne und drei Töchter. Der jüngste Sohn von Friedrich und Anna Katharina Deumler, der die Linie zum Erfinder fortführt, erlernt das Bäckerhandwerk. Da die Stadt inzwischen weitgehend wieder aufgebaut ist, sieht der Vater in diesem Gewerbe eine bessere berufliche Perspektive für seinen Sohn Johann Friedrich.

Sechs Generationen »Daimlers« führen die Tradition des Bäckerhandwerks fort. 200 Jahre lang haben die Daimlers in Schorndorf Brot gebacken. Die Backstube der Familie be-findet sich seit 1695 in der Schorndorfer Höllgasse. Im vor-deren Teil des Gebäudes betreiben sie die kleine Weinwirt-schaft »Das Parlament«. Später wird das Wirtshaus »zum Pfauen« daraus. Der Vater von Gottlieb Daimler, Johannes Däumler (nun mit »äu«), übernimmt den elterlichen Back-betrieb im Jahr 1825. Auch die Brüder Gottliebs üben den Beruf des Bäckers aus.

Mit Ausnahme seines Onkels Gottlieb Heinrich und dessen Sohn, die es in Schorndorf zum Stadtbaumeister ge-bracht hatten, waren die »Daimlers« also jahrhundertelang einfache Handwerker, von denen kaum einer in auffallen-der Weise von sich reden machte. Rückschlüsse auf eine

Ich Endes Unterschriebener bekenne mit
dieser Schrift, daß Ferdinand Wanger
Soldat von Adelberg, so lang er hier in
Garnison gelegen ist bey mir nach und nach
verzehrt hat —— Eilf Gulden. 30+
Wofür sein Schwager Jos: Jacob Miller
von Schornbach Bürg und Feldschäzler
geworden ist, und mich unter heutiger dato
mit Dank bezahlt hat.

        bezeugt meine Unterschrift.

Schorndorf. den 25 August —
   1814.   Friedrich Daimler

Rechte Seite:
In der Schorndorfer
Höllgasse verbringt
Gottlieb Daimler
seine Kindheit und
Jugend. Er wächst in
einfachen Verhält-
nissen auf.

besondere Begabung lassen sich aus der Familiengeschichte väterlicherseits eher nicht herleiten.

Vielleicht lohnt aber ein Blick auf das Leben von Gottlieb Daimlers Großvater. Im Alter von 22 Jahren brach dieser, gepackt vom Fernweh, aus dem Bäckeralltag aus und heuerte ab Juli 1779 auf holländischen Kriegsschiffen an. Sechs Jahre lang war Johann Friedrich Däumler als »Botteliers Maat« – zuständig für den Proviant – auf großer Fahrt zwischen Italien, Frankreich, Spanien, Afrika und Südamerika unterwegs. Seine ersten Stationen waren Livorno und Marseille, wo der Schorndorfer Weltenfahrer französischen Wein »so rot wie Blut« und Mädchen »weiß wie der Schnee« kennenlernte. Seine Erlebnisse notiert er in einem sorgfältig geführten Tagebuch, das in einer Abschrift überliefert ist. Er weiß nicht nur den Wein in Marseille, sondern auch den Rebensaft von Malaga zu loben: »Dieses ist eine alte Stadt in Spanien, ringsumher mit vielen Weinbergen versehen. Dieser Wein ist sehr süß von Natur und gesund von Herzen und sehr stark. So stark, dass die Menschen auf den Boden geworfen werden.« Neben diesen wenigen Glücksmomenten erlebt der gelernte Bäcker aber auch Katastrophen und menschliche Tragödien. In Venezuela wird Johann Friedrich Däumler mit dem Sklavenhandel konfrontiert. »Wie das Vieh werden dort die Menschen verkauft«, schreibt er. Er berichtet weiter von der Rückfahrt, die lang und voller Hindernisse war: Tödliche Seuchen an Bord, Havarien und ungünstige Winde bedrohten den guten Ausgang des Unternehmens. Am 25. Dezember 1785 musterte der Großvater von Gottlieb Daimler endgültig ab und kehrte als Bäcker und Wirt nach Schorndorf zurück.

Wenngleich Zeugnisse hierfür fehlen, so darf man vermuten, dass der junge Gottlieb Daimler von den Abenteuern seines Großvaters Kenntnis hatte und dass das nicht ohne Eindruck auf ihn blieb. Zumindest unbewusst mag er durch seinen Großvater darin bestärkt worden sein, sein Leben nicht wie die meisten seiner Vorfahren in der Backstube zu fristen.

Gottlieb Daimlers Kindheit und Jugend fallen in eine elende Zeit. In der ersten Hälfte des 19. Jahrhunderts wird

das junge württembergische Königreich von zwei großen Hunger- und Wirtschaftskrisen heimgesucht, die auch die Schorndorfer Bevölkerung schwer treffen. Die Stadt ist zum bedeutungslosen Landstädtchen abgesunken. Die Zeiten, in denen Schorndorf hinsichtlich seiner Finanz- und Wirtschaftskraft die zweite Stelle hinter Stuttgart eingenommen hat, sind längst vorüber.

»Die Hälfte der Bevölkerung ist verarmt, die meisten davon total«, notiert im Jahre 1850 der Schorndorfer Stadtpfarrer. Da ist Gottlieb 16 Jahre alt. Nasse Sommer bringen schlechte Ernten: Die Kartoffeln verfaulen im Boden, die Getreidepreise schießen dramatisch in die Höhe. Zwischen 1822 und 1844 verteuerten sich die Grundnahrungsmittel wie Fleisch, Butter oder Eier erheblich.

Eine wichtige »Arbeitsbeschaffungsmaßnahme« zwischen 1846 und 1854 ist in Schorndorf das Abtragen der Festungsanlage mit ihren 18 Türmen. Wer bei der Stadt Schulden hat, muss diese gegen einen Tageslohn von 12 bis

20 Kreuzern abarbeiten. Es heißt, Gottlieb Daimler habe es später sehr bedauert, dass die alte Umwallung seiner Heimatstadt vernichtet worden sei.

Die Hungersnot im deutschen Südwesten führte zu einer großen Auswanderungswelle. Auch viele Familien aus dem gesamten Gebiet des Oberamtes Schorndorf verließen ihre schwäbische Heimat, um vorwiegend in Russland und in Nordamerika einen neuen Anfang zu suchen. Berufsgruppen wie Schreiner, Metzger, Bauern, Gerber und Schmiede sahen hierzulande auch noch bis zum Ende des 19. Jahrhunderts für sich und ihre Angehörigen kaum ein Auskommen. Die große Not, die die Menschen veranlasste, ihrer alten Heimat den Rücken zu kehren, zeigt sich mannigfaltig in den Akten der Auswanderer: So bittet der Vater von Paul Noller am 14. März 1890 in einem Schreiben an den Schorndorfer Gemeinderat, seinen 17 Jahre alten Sohn auswandern zu lassen. »Ich sehe mich nicht in der Lage, meine fünf Kinder im Alter von 4 bis 22 Jahren zu versorgen«, lautet sein deprimierendes Fazit.

Die Hoffnung auf ein besseres Leben fern der Heimat wurde oftmals dadurch genährt, dass immer wieder positive Nachrichten nach Schorndorf gelangten. So schreibt am 3. Mai 1894 Christian Riedel aus Chicago an seinen Bruder Johannes nach Schorndorf, dass er ihn erwarte, »denn Amerika ist immer noch ein gutes Land«.

Ein Jahr bevor dieser Brief das Remstal erreichte, war auf der Weltausstellung 1893 in Chicago dem amerikanischen Publikum zum ersten Mal ein funktionsfähiges Automobil präsentiert worden: das »Motor-Quadricycle«, der Stahlradwagen – das erste Fahrzeug, das eine Einheit zwischen motorisiertem Antrieb und Wagen darstellte. Seine Konstrukteure hießen Gottlieb Daimler und Wilhelm Maybach.

Der begabte Schüler wird Büchsenmacher

»Bleibe in dem, was du gelernt hast«

Schorndorf, 1834. Altersschwache Pferdefuhrwerke rollen schwerfällig durch das Untere Tor zum Marktplatz, holpern über das grobe Pflaster. Der Widerhall der Hufschläge schallt bis hinein in die engen Gassen der Stadt. Die Fuhrleute blicken ernst, schauen aus zerfurchten Gesichtern von ihren Kutschböcken in die aufkommende Abenddämmerung. Es ist Montag, und die Woche hat wie alle Wochen davor mit harter Arbeit begonnen. Am Brunnen in der Höllgasse schöpfen Frauen mit ihren Kindern Wasser. An ihnen vorbei schleppt sich ein Ochsengespann langsam seiner Stallung zu. Der Bauer steigt vom Bock. Er spannt das Tier aus. Nachdem der Ochse im Stall untergebracht ist, tritt er mit schweren Schritten die knarzende schmale Holzstiege der einfachen Behausung hinauf. In der Stube sitzen im schummrigen Licht seine Frau und die Kinder schon beim Abendessen am Tisch. Am Morgen hat die vierfache Mutter beim Bäcker, im Haus gegenüber, einen Laib Brot erworben. Sie bricht Stücke davon ab, verteilt sie an die hungrigen Mäuler. Der Bauer bekommt einen Happen mehr. Er gönnt sich dazu einen Most aus dem steinernen Krug. Später geht er noch einmal in den Stall, seinen Ochsen füttern. Der Mann kann wie alle Schorndorfer nicht ahnen, dass im Haus

des Bäckers noch an diesem Tag ein Junge geboren wird, der die Welt verändern und dessen Erfindung eines Tages die Zugkraft von Ochsen und Pferden ersetzen wird.

Ein Spielplatz in Daimlers Kindheit ist die sogenannte »Spanische Küste« hinter seinem elterlichen Haus.

Gottlieb Daimler kommt am 17. März 1834 im ersten Stock des Gebäudes Höllgasse 7 in Schorndorf zur Welt. Er ist der zweite von vier Söhnen des Bäckers Johannes Daimler und dessen Ehefrau Wilhelmine Friederike, geborene Finsterer. In dem kleinen, etwas in die Ecke gedrückten Fachwerkhaus mit Bäckerei und Wirtschaft wächst er mit seinen Geschwistern in einfachen Verhältnissen auf.

Über seine Kindheit ist nur wenig bekannt. Ob der kleine Gottlieb bereits in die damals sogenannte Kleinkinderschule ging, wir wissen es nicht. Denkbar wäre es, denn Schorndorf nahm hinsichtlich dieser Einrichtungen in Württemberg tatsächlich eine Vorreiterrolle ein. Bereits im Jahre 1837 und damit einige Jahre vor Friedrich Fröbels Gründung des »Allgemeinen Deutschen Kindergartens« wurde auf der Basis eines privaten Vereins in Schorndorf diese Frühform des Kindergartens aus der Taufe gehoben.

Sicher ist, nach der Elementarschule besucht Gottlieb die Schorndorfer Realschule – eine ursprünglich von Dekan Joseph Friedrich Schelling (dem Vater des Philosophen) ins Leben gerufene Abteilung der Lateinschule. Zu jenen Zeiten müssen die Schüler früh aufstehen: Im Sommer beginnt der Unterricht um sechs, im Winter um sieben Uhr.

Gottlieb Daimler, der als eher verschlossen geschildert wird, ist ein fleißiger Schüler. Seine Begabungen und

Neigungen zeigen sich schon bald im technischen und mathematischen Bereich. 1848, im Abschlusszeugnis der Lateinschule, attestiert ihm sein Lehrer »außergewöhnliche Fähigkeiten in den Fächern Geometrie und Stereometrie sowie Buchstabenrechnungen«. Außergewöhnlich sind aber auch seine zeichnerischen Fähigkeiten. Neben der Lateinschule besucht er die 1821 in Schorndorf gegründete Zeichenschule, in der sonntags und feiertags besonders begabte Schüler unterrichtet werden. Seine Tierzeichnungen, die er schon als Dreizehnjähriger mit dem Bleistift aufs Papier bringt, sind anspruchsvoll und akkurat ausgeführt.

Daimlers Schulzeit endet an Ostern 1848. Im selben Jahr wird er in der Schorndorfer Stadtkirche von Dekan Friedrich August Baur konfirmiert. »Bleibe in dem, was du gelernt hast und was dir anvertraut ist« – dieses Bibelzitat (2. Brief des Paulus an Timotheus, 3. Kapitel, Vers 14) war der Konfirmationsspruch, den der Pfarrer für seinen Konfirmanden auswählte. Er konnte nicht ahnen, dass Gottlieb Daimler dies auf seinem weiteren Lebensweg beherzigen und verinnerlichen würde.

Über sein Verhältnis zu Kirche und Glauben ist wenig zu erfahren. Dem in Schorndorf schon damals weit verbreiteten Pietismus mag der Genussmensch Daimler nicht angehangen haben. Gläubig ist er schon. Während seines späteren Aufenthaltes in England besucht er mit zwei Deutschen einmal in der Woche eine Bibelstunde, um »ein Kapitel

In der Schorndorfer Stadtkirche, hier eine historische Aufnahme aus dem Jahr 1909, wird Gottlieb Daimler getauft und 1848 konfirmiert.

des Neuen Testamentes zu betrachten, was für mich immer eine erquickende und stärkende Stunde ist«, wie er von dort an einen Freund schreibt. An Tagen, an denen er schwer mit sich und seinen Leistungen hadert, gibt ihm der Glaube offenbar Halt. Im selben Brief schreibt der 28-Jährige weiter: »[...] es kann nicht alles sein, wie wir es wünschen, und der Gott, der mich bisher so gut geführt, wird mich auch weiter durchs Leben führen und er weiß seine Gaben jedem mit zu teilen, wie sie ihm zum Leben nötig sind.«

Schon der 13-jährige Gottlieb zeigt großes zeichnerisches Talent, wie diese Tierzeichnungen von 1847 belegen. An Sonntagen besucht der begabte Knabe die Schorndorfer Zeichenschule.

Auch in Schorndorf ist die Revolution angekommen. Im Gasthaus »Schwanen« treffen sich aufmüpfige Bürger.

Mit dem vorläufigen Ende der Schulzeit stellt sich für Daimler die Frage nach der Berufswahl. In seinem Bestreben, eine technische Richtung einzuschlagen, bestärken ihn sein Onkel Gottlieb Heinrich Daimler als auch dessen gleichnamiger Sohn. Dieser, Daimlers 17 Jahre älterer Cousin, ist ihm nicht nur ein wichtiger Lehrmeister in Geometrie und Mechanik, sondern auch Mäzen während seiner Lehr- und Studienjahre. Gottliebs Eltern verfügen selbst nicht über die finanziellen Möglichkeiten, ihren begabten Sohn ausreichend zu fördern.

1848 – das heißt aber auch: Daimlers Schulende fällt mitten hinein in eine Zeit des Umbruchs. Noch bevor in Berlin die Barrikaden brennen, stehen am Freitagabend, dem 14. März, rund hundert Bürger nach einer Versammlung im Gasthaus »Schwanen« Arm in Arm auf dem Schorndorfer Marktplatz. Gemeinsam stimmen sie das Lied »Freiheit, die ich meine, die mein Herz erfüllt« von Max von Schenkendorf an. Die Revolution ist auch im Remstal angekommen.

Wie überall in Württemberg gehen auch hier die politischen Wogen hoch, der kritische Sinn der Öffentlichkeit erwacht. Die Zeitung, das »Intelligenzblatt«, das bis dahin ein reines Mitteilungsblatt war, verbreitet mit Resolutionen, Leserbriefen und Aufsätzen plötzlich politische Inhalte. In Schorndorf bildet sich eine Bürgerwehr, die nach amtlichen Berichten eifrig exerzierte. Gewehre werden beschafft und sogar Uniformen. Nach einem Bericht des Oberamts werden in den Schorndorfer Wirtshäusern Reden zugunsten Friedrich Heckers geschwungen, dem populären Anführer des badischen Aufstands.

In diesem Umfeld beginnt der 14-jährige Gottlieb eine Lehre als Büchsenmacher. Vielleicht hat die Forderung nach Volksbewaffnung, die Gründung von Bürgerwehren und der damit einhergehende gesteigerte Bedarf an Schusswaffen den Ausschlag gegeben. Doch vermutlich will der Junge vor allem der Beamtenlaufbahn entgehen, die sich sein Vater für ihn erhofft hat. Staatsdiener sind in jenen Tagen nicht gut angesehen. Auch der Onkel von Gottlieb Daimler hat als Stadtbaumeister unter der Volksstimmung zu leiden. Daimler geht also im Nachbarhaus bei Büchsenmachermeister Johann Christoph Wilke in die Lehre, die damals vier Jahre dauerte.

Rund um die Schorndorfer Höllgasse werken Bäcker, Metzger, Glaser, Schuhmacher, Weingärtner, Weber, Dreher, Schlosser, Schmied, Küfer, Färber und Seifensieder. Die Arbeit ist allgegenwärtig, sie ist zu sehen, zu riechen und zu hören: Dumpfe Hammerschläge hallen durch die Gassen, und wenn vor der Werkstatt des Küfers der Fassbrand qualmt, kriecht der beißende Rauch in die letzten Winkel der Häuser. In der Werkstatt des Büchsenmachers wird geschmiedet, gefeilt, gedreht, gehobelt und gemessen. Der junge Daimler eignet sich dort alle Fähigkeiten an, die die Präzisionsmechanik verlangt und die auch später bei der Konstruktion der Motoren entscheidend sein wird. Schon in der Büchsenmacherwerkstatt beschäftigt er sich mit jenem technischen Grundprinzip, das ihn sein Leben lang begleiten wird: der Kraft und Wirkungsweise einer Explosion in einem zylinderförmigen Gehäuse.

Sein Gesellenstück ist eine doppelläufige Pistole – verziert mit aufwendigen Arabesken und einem Nussbaumgriff mit einer fein geschnittenen Fischhaut. Über dessen Verbleib herrscht heute Ungewissheit. Die 1852 entstandene Pistole verschwand während des Zweiten Weltkriegs. Zwar liegt im Henry-Ford-Museum im US-Staat Michigan eine Pistole mit der Aufschrift »Daimler in Schorndorf«. Diese soll aber, obgleich nach Meinung von Experten von Daimler angefertigt, ein Vorläufermodell des eigentlichen Gesellenstücks sein. Firmenhistoriker der Daimler AG vermuten, dass die Pistole bei einem Luftangriff auf das Werk in Stuttgart-Untertürkheim zerstört wurde. 1985 baute ein Büchsenmachermeister aus Schwäbisch Hall anhand von Fotografien das Gesellenstück von Gottlieb Daimler originalgetreu nach.

Die Büchsenmacherlehre ist für Gottlieb Daimler aber allenfalls eine Weichenstellung. Seine Zukunft sieht er nicht im Handwerk. Die Industrialisierung ist in Europa in vollem Gang, Dampfmaschinen und Lokomotiven werden auch in Württemberg gebraucht. Daimlers technische Neugier zielt nun nach Höherem, und die Ermunterung seines Vetters, sich weiterzubilden, tut ein Übriges. Für Daimler ist die Entscheidung gefallen: Den 18-Jährigen zieht es auf die gewerbliche Fortbildungsschule nach Stuttgart.

Die Faszination für Maschinen erwacht

»Bei wohlgesittetem Betragen sehr fleißig und strebsam«

Die Schorndorfer Höllgasse, 1852. Der große Tag ist gekommen: Wie immer duftet es im Hause Daimler schon lange vor Sonnenaufgang nach frischgebackenem Brot. Vater Johannes ist längst auf den Beinen, seine Mutter richtet ihrem zweitgeborenen Sohn die Wegzehrung. Gottlieb trinkt im Stehen einen Schluck Milch, bricht ein Stück Brot ab. Er ist voller Vorfreude, in die sich ein wenig Angst gemischt hat. Er klemmt sich eilig eine Tasche unter den Arm. Vor ihm liegt sein erster Schultag im über 30 Kilometer entfernten Stuttgart. Was wird ihn dort erwarten? Als er zur Postkutschenstation in der Unteren Hauptstraße geht, hört er schon von weitem die Pferde schnauben. Der Fuhrmann begrüßt ihn gähnend. Gottlieb steigt in die Kutsche und setzt sich auf den letzten freien Platz.

Wir wissen nicht genau, ob Daimler dieses Verkehrsmittel tatsächlich genommen hat, um nach Stuttgart zu gelangen. Doch 1852 ist die Remstalbahn noch nicht gebaut, sie wird erst neun Jahre später eröffnet. Aber eine Postkutsche gibt es. Täglich fahren zwei sogenannte »Omnibusse« von Schorndorf nach Stuttgart und zurück. Diese Omnibusse sind damals geräumige

Postkutschenreisewagen mit Sitzbänken in Längsrichtung. Um 1850 lag die mittlere Reisegeschwindigkeit von Postkutschen bei rund zehn Kilometern pro Stunde. Die Fahrzeit von Schorndorf nach Stuttgart dürfte deshalb bei etwa drei Stunden gelegen haben.

In der gewerblichen Fortbildungsschule in Stuttgart erhält der junge Gottlieb Daimler einen ganz auf die Mechanik zugeschnittenen Unterricht. Auch sonntags wird unterrichtet. Die Theorie wird ergänzt durch praktische Werkstatttätigkeiten (im Prinzip war diese Art von Schule bereits ein Vorläufer des heutigen dualen Ausbildungssystems). Was Daimler hier lernt, ist die Voraussetzung für das spätere Maschinenbaustudium.

Gottlieb ist so wissbegierig wie fleißig, und es dauert nicht lange, bis ein Lehrer die außerordentlichen technischen Begabungen des Büchsenmachers aus Schorndorf erkennt. Er empfiehlt den Schüler Ferdinand von Steinbeis zur weiteren Förderung. Steinbeis ist ein Mann mit großem Einfluss: Vom württembergischen König Wilhelm I. 1848 zum Königlich Württembergischen Regierungsrat berufen, leitet er die Zentralstelle für Handel und Gewerbe in Stuttgart.

Steinbeis gründet nicht nur mehrere Gewerbeschulen, er gilt auch als wichtiger Förderer junger Talente.

Für Daimler wird Steinbeis zum Sprungbrett in die weite Welt. Teil dessen Förderungskonzeptes ist nämlich, begabten jungen Leuten eine Ausbildung in ausländischen Werkstätten zu vermitteln. Dazu stattet Steinbeis die Schüler mit einem großzügigen Reise- und Ausbildungsbudget aus. Der Takt der Industrialisierung wird Mitte des 19. Jahrhunderts nicht von Deutschland vorgegeben. Vor allem in England ist die Entwicklung bereits viel weiter fortgeschritten.

Steinbeis schickt den nun 19-Jährigen im Januar 1853 ins Elsass, in die Lokomotivenfabrik Graffenstaden bei Straßburg. Das Werk hat einen ausgezeichneten Ruf als Ausbildungsstätte. Leiter ist dort Friedrich Meßmer, der seine pädagogischen Fähigkeiten schon als Lehrer am Polytechnikum in Karlsruhe unter Beweis gestellt hat. Hergestellt werden in Graffenstaden Lokomotiven und Güterwaggons, aber auch Brückenbau und der allgemeine Maschinenbau stehen hier auf dem Programm.

Der Königlich Württembergische Regierungsrat und Leiter der Zentralstelle für Handel und Gewerbe, Ferdinand Steinbeis, fördert Daimler nach Kräften.

Doch leicht ist die Arbeit in der Lokomotivenfabrik nicht: Die Arbeit beginnt um fünf Uhr in der Frühe und dauert, je nach Auftragslage, bis spät in die Nacht. Daimler, wie auch seinen Kollegen, mit denen er sich in dieser Zeit anfreundet und zu denen er noch lange Kontakt halten wird, bleibt wohl kaum freie Zeit. Es ist ein hartes Brot für den jungen Mann. Wie schwer diese Jahre für ihn waren, ist einem Brief zu entnehmen, den Daimler später aus England sendet: »[...] hier bin ich zehnmal lieber als in Graffenstaden. Bei zehneinhalb Stunden Arbeitszeit am Tag ist man doch ein Mensch.«

Und doch: Daimler eignet sich in Graffenstaden nicht nur beste Kenntnisse im Werkzeugbau an, er lernt auch ausgezeichnet Französisch, was ihm noch sehr nützlich sein wird. Im Unternehmen erfüllt er die an ihn gestellten Erwartungen voll, und so befördert Meßmer ihn nach drei Jahren zum Vorarbeiter.

Doch auch das Elsass ist noch nicht die letzte Station in der Ausbildung Daimlers. Nach vier Jahren, in denen er in Graffenstaden zum Mechaniker ausgebildet worden ist, strebt er erneut nach höheren Weihen: Seine Zeugnisse sind so gut, dass er ein Maschinenbaustudium am Polytechnikum in Stuttgart ins Auge fassen kann. Für dieses Studium wird er 1857 vom Werk in Graffenstaden beurlaubt. Die ersten beiden Studienjahre kann er sofort überspringen. Außerdem bekommt er die Studiengebühren erlassen.

In Stuttgart angekommen, wohnt er in der Eberhardstraße bei Metzgermeister Geiger, einem Freund seines Vaters. Sein Studium ist breit angelegt: Neben den technischen Fächern hört er Vorlesungen in Englisch, Geschichte und Nationalökonomie und lernt Freihandzeichnen. Daimlers Chemielehrer Hermann Fehling, der über 40 Jahre am

Polytechnikum lehrte, wirkt durch seine Forschungen über Kohlenwasserstoffe äußerst anregend auf den Studenten.

Im Rückblick zeigt sich, dass Daimler in Stuttgart einen illustren Kreis von Bekannten fand: Am Polytechnikum lernte er Heinrich Straub aus Geislingen, Friedrich Voith aus Heidenheim, Emil Keßler junior aus Esslingen und Gustav Siegle aus Stuttgart kennen. Der Vater von Straub hatte eine Metallwarenfabrik gegründet, aus der später die WMF entstehen sollte. Voith in Heidenheim ist heute eine Turbinenfabrik mit Weltruf. Keßlers Vater war der Gründer der nicht minder berühmten Maschinenfabriken in Karlsruhe und Esslingen. Das Esslinger Unternehmen baute die ersten Lokomotiven in Württemberg. Und der aus Nürtingen stammende Siegle brachte später seine Farbenfabrik in die Badische Anilin- und Soda-Fabrik (BASF) ein.

In Daimlers Abschlusszeugnis, das die Note »gut« erhält, steht geschrieben: Daimler habe »bei wohlgesittetem Betragen sehr fleißig und strebsam sich erwiesen«.

Vor seiner Rückkehr nach Graffenstaden – offiziell ist Daimler noch immer beurlaubt – besucht er seine Familie in Schorndorf, um sich wieder einmal zu verabschieden. Zu dieser Zeit steht Vater Johannes noch immer mit seinen Söhnen Johannes und Carl in der Backstube. Der 15-jährige Bruder Christian geht noch zur Schule. Später wird Christian wie sein Vetter Wilhelm den Beruf des Geometers ausüben. Doch nur bis zu seinem 28. Lebensjahr. Dann stirbt der Bruder an der Cholera. Für die Familie Daimler war Christians früher Tod ein schwerer Schicksalsschlag.

Zurück in Graffenstaden wird die Situation für Gottlieb Daimler zunehmend schwierig: Ende Oktober 1859 kommt es in der Lokomotivfabrik zu einer Aussprache mit Meßmer. Daimler ist voller neuer Ideen. Er bittet den Werksleiter, ihm Versuche zu genehmigen, eine kleine Kraftmaschine zu entwickeln. Nach Ansicht Daimlers könnten solche leichten Maschinen vor allem in kleineren Betrieben zum Einsatz kommen, die sich die Anschaffung einer teuren Dampfmaschine nicht leisten können.

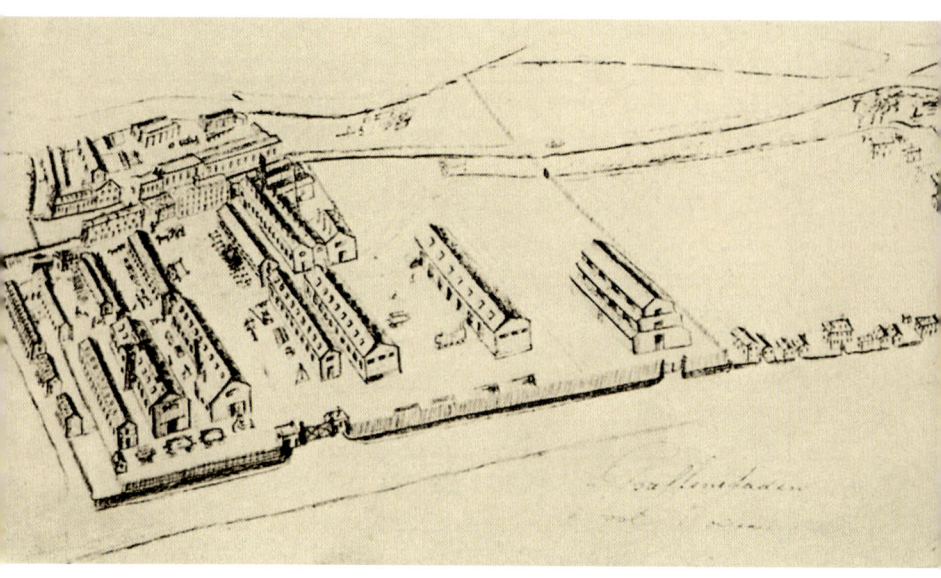

Eine zeitgenössische Zeichnung der Produktionsanlagen der Lokomotiven-fabrik Graffenstaden. Steinbeis vermittelte Daimler zur praktischen Ausbildung ins Elsass.

Meßmer lehnt diesen Vorschlag Daimlers jedoch ab. Für den jungen ambitionierten Ingenieur ist die rigide Haltung seines Vorgesetzten eine große Enttäuschung. Ihm dämmert, dass er seine Ideen im Elsass nicht verwirklichen können wird. Er arbeitet daraufhin zwar noch einige Zeit in Graffenstaden, doch im Frühjahr 1860 kündigt er.

Wie so oft, wenn die Zukunft ungewiss erscheint, übernimmt der Zufall das Steuer in Daimlers Leben: In einer französischen Zeitschrift liest Daimler am 16. Juni 1860 von einem Motor, den der belgische Mechaniker Jean Lenoir konstruiert hat. Er wird nicht durch Dampf, sondern mit Gas betrieben. Daimler ist fasziniert und reist, ausgestattet mit einem Stipendium von Steinbeis, nach Paris, wo Lenoir seine Maschine vorführt. Sie läuft tatsächlich. Aber Daimler stellt auch fest, dass sie gegenüber der Dampfmaschine keinen Fortschritt bedeutet: »Sie gebraucht zwar keinen Heizer, aber dafür einen Ölgießer«, kommentiert er. Hinzu kommt, dass seiner Einschätzung nach der hohe Gasverbrauch der Maschine einen wirtschaftlichen Betrieb ausschließt. Der zarte Versuch einer Zusammenarbeit mit Lenoir zerschlägt sich also schnell. Lenoir wird den Gasmotor aber 1863 in ein

Daimlers Paris-aufenthalt fällt in eine Zeit, in der die aufstrebende Metropole für die anwachsenden Verkehrsströme große Boulevards anlegt. Der Stich zeigt die Gegend um den Montmartre im Jahr 1860.

»Hippomobile« einbauen und mit diesem Straßenfahrzeug neun Kilometer in drei Stunden zurücklegen.

Daimler bleibt noch einige Monate in Paris und arbeitet in einer Bandsägenfabrik. Die Seine-Metropole dürfte den jungen Mann mehr als fasziniert haben. Sein Paris-aufenthalt fällt in die Zeit des zweiten Kaiserreiches, in der die französische Hauptstadt zu der wird, die wir heute kennen. Der berühmte Baron Haussmann ist unter Napoleon III. just dabei, Paris über eine Dauer von zwanzig Jahren grundlegend umzugestalten. Es entstehen bis 1871 Prachtstraßen, Grünflächen, Parks, Bahnhöfe und das damals modernste Kanalisationssystem der Welt. Vom Arc de Triomphe lässt der Baron sternförmig große Boulevards bauen, um die Stadt für den Verkehr zu öffnen. 28 000 Häuser werden abgerissen, um Paris nach seinen Plänen umzugestalten.

Wenn hier Daimler nicht eine Ahnung vom Aufbruch in ein neues Zeitalter befällt, wo dann? Die Bandsägenfabrik beziehungsweise das aus ihr entstehende Unternehmen Panhard & Levassor wird jedenfalls in seinem künftigen Leben noch eine wichtige Rolle spielen.

Schnitt

Ansicht

Grundriß

1 od. 2 flügelig

... 300 Umdrehungen

... ca 200 ...

Viel Erfahrung, wenig Lohn

»Als Arbeiter muss ich fürs Erste den Gehülfen machen«

Juni 1861. Es ist Samstag und Gottlieb Daimler steigt mit einem großen Koffer im Bahnhof von Oldham aus dem Zug. Auf dem Bahnsteig erkundigt er sich nach einer vorübergehenden Übernachtungsmöglichkeit. Man nennt ihm das Gasthaus »White Bear«. Dort angelangt, bezieht er sofort sein kleines Zimmer, um sich von der langen, anstrengenden Reise mit Bahn und Schiff zu erholen. Die Zeit ist knapp bemessen, schon am Montag wird er in der Fabrik »North Moor Foundry« erwartet. Oldham liegt mitten im nordwestenglischen Industrierevier nahe Manchester und ist eigentlich ein Zentrum der baumwollverarbeitenden Industrie und des Bergbaus. Das Unternehmen, das Daimlers Interesse geweckt hat, stellt geräuschlose Ventilatoren und Turbinen her.

Wiederum war es sein Förderer Steinbeis, der ihm zu dieser Reise nach England geraten und Geld beigesteuert hat. Wenige Tage nach seiner Ankunft in Oldham schreibt er an einen Freund: »Nachdem ich nun im Lande der Verheißung angekommen bin und bereits 1½ Arbeitstage glücklich überstanden habe, werde ich es schon aushalten können. Das Geschäft gefällt mir

Rauchende Schlote in Manchester: Als Daimler nach England kommt, ist die Industrialisierung auf der Insel in vollem Gang. Gemälde von William Wyld, 1857.

nicht übel.« Bis 1863 wird Daimler in England bleiben, das in der technischen Entwicklung und im Maschinenbau dem europäischen Festland weit voraus ist. Daimler imponiert, was er auf der Insel zu Gesicht bekommt: riesige Maschinen für Spinnereien und Webereien, Werkzeugmaschinen für Schiffbaubetriebe, Dampfkessel, Dampfmaschinen und Lokomotiven. Er ist beeindruckt von der hohen Qualität und von der Präzision, mit der die industriellen Werkzeuge hergestellt werden. Eine der wichtigsten Grundlagen für diese weit vorangeschrittene Industrialisierung in England, die bereits im 18. Jahrhundert ihren Anfang genommen hat, war James Watts Weiterentwicklung der Dampfmaschine, die in zahllosen Industriezweigen Verwendung fand und die zu einer bis dahin nicht gekannten Beschleunigung der Produktionsabläufe geführt hat.

Außer in Oldham wird Daimler in den kommenden Monaten auch in Maschinen- und Lokomotivenfabriken in Leeds, Manchester und Coventry arbeiten. Er bekommt allerdings nirgendwo ein Aufgabengebiet zugewiesen, das seiner Qualifikation als Konstrukteur und Ingenieur auch nur annähernd entspricht.

Viel Erfahrung, wenig Lohn

Daimler steht an der Werkbank, eine harte Schule bei wenig Lohn: »Als Arbeiter muß ich jedenfalls fürs Erste den Gehülfen irgend eines alten Arbeiters machen«, schreibt er am 2. August 1861 an einen engen Freund namens Wilhelm. 58,5 Stunden beträgt die wöchentliche Arbeitszeit, 28 Schilling ist der Lohn. Das reicht gerade zum Auskommen: »Davon gebe ich für Kost und Logis, Gas, Seife und Wäsche 17 Schilling aus.« Ein Dach über dem Kopf findet er meist bei englischen Arbeitern, wo »ich sehr gut untergebracht bin«. Das Essen sei – außer dem Pudding – zwar ziemlich eintönig, »aber dennoch ganz gut und schmackhaft«. Besonders das britische Fleisch scheint ihm zu schmecken. Es habe, so berichtet Daimler, oft eine bessere Qualität als in Graffenstaden, »wo das Fleisch so hart war wie vom alten Napoleon seinem Schimmel«. Mit seinen englischen Kollegen kommt er gut zurecht: »Es sind sehr ordentliche Leute und wenn sie noch so grob aussehen«, lässt er den Freund in der Heimat wissen. Gottlieb Daimler lernt in England die notwendigen Bedingungen der industriellen Produktionsweise kennen: rationalisierte Fertigungsmethoden im Verbund mit hoher Qualitätsleistung. Erfahrungen, die ihm noch nützlich sein werden.

An all seinen Stationen in England bleibt er aber nur so lange, bis

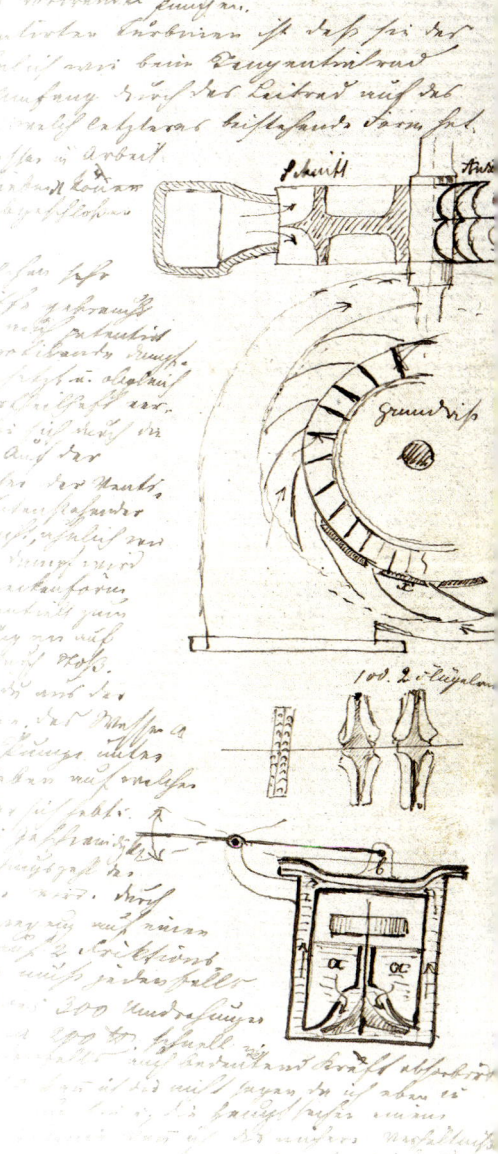

Brief mit einigen kleinen technischen Zeichnungen, den Gottlieb Daimler am 2. August 1861 aus Oldham an einen Freund sendet.

sein Wissensdurst gestillt ist. Seine letzte Hoffnung, über einen deutschen Ingenieur namens Bürkle in Liverpool doch noch eine höher qualifizierte Stelle vermittelt zu bekommen, werden enttäuscht. Von seinem Ausflug in diese Stadt bleibt ihm allein der beeindruckende Anblick auf den Hafen: »Die Schiffe in den Docks bilden mit ihren Masten einen Wald, der sich eine ganze Stunde lang fortzieht. So etwas habe ich noch nicht gesehen, und was noch das Interessanteste war: mitten im Hafen lag das größte Schiff der Welt, der Great Eastern, der mir gegen die anderen Schiffe, die um ihn rum schwimmen, vorkam, wie der Riese Goliath gegen David«, schreibt er voller Begeisterung nach Hause.

Der Aufenthalt in England prägt ihn nachhaltig. Insbesondere der Besuch der Weltausstellung 1862 in London mit ihren zahlreichen technischen Innovationen vervielfacht seine Wissbegier. Es plagen ihn aber auch Selbstzweifel, ob sein Weg der richtige ist. Und nicht zuletzt: Bereits zu dieser Zeit treten bei ihm erste gesundheitliche Probleme auf, die sich im Laufe seines Lebens zu einem schwerwiegenden Herzleiden auswachsen werden. Er hat sich große Ziele gesteckt, ohne genau zu wissen, wohin die Reise gehen soll. Fast verzweifelt wendet er sich wiederum an seinen Freund Wilhelm: »[...] sobald ich des Abends zu lange sitze, so bekomme ich Schwindel. Das Blut steigt mir in den Kopf und trübt mir den Verstand. So will mir fast der Mut sinken und ich komme zu der Meinung, dass ich nie im Leben es zu etwas bringe.«

Wie er sich in diesem Moment täuscht! Alleine die Sprachkenntnisse, die er sich während seines Englandaufenthaltes erworben hat, werden später von beträchtlichem Nutzen sein, wenn es um die Patententwicklungen in England und Amerika gehen wird. Doch so weit ist Gottlieb Daimler zu diesem Zeitpunkt noch lange nicht.

Als er 1863 in seine Heimatstadt zurückkehrt, hat sich während seiner Abwesenheit einiges verändert: Seit 1861 verkehrt die Eisenbahn von Stuttgart nach Aalen. Das Bahnhofsgebäude in Schorndorf ist auf den ehemaligen

Wallanlagen der Stadt errichtet worden. »Es hat sich hier in Schorndorf sehr viel geändert, dass ich anfänglich beim Aussteigen am Bahnhof nicht recht wusste, wohin ich zu gehen hatte«, schildert Daimler seine ersten Eindrücke in einem Brief. Doch auch mit der Remstalbahn hat die Industrialisierung in Schorndorf noch nicht begonnen. Die Verkehrsverbindungen wurden zwar durch den Bau der Bahn entscheidend verbessert. Der große Aufschwung bleibt aber vorerst noch aus oder kommt nur zögernd in Gang.

Im beschaulichen Remstal ist die gewerbliche Produktion immer noch auf das Handwerk beschränkt. Außer einer Tabakfabrik, einer Fingerhutfabrik sowie der 1843 gegründeten Lederfabrik Breuninger verzeichnet Schorndorf keine größeren Betriebsansiedlungen. Erst 1871 wird die Eisenmöbelfabrik Arnold gegründet, die sich rasch zum größten Arbeitgeber der Stadt entwickelt. In Schorndorf scheint es zu dieser Zeit nicht nur am Kapital, sondern auch am unternehmerischen Wagemut zu fehlen. Daimler kann demzufolge nicht in seiner Heimatstadt bleiben.

Der Bahnhof in Schorndorf um 1890: Seit 1861 fährt die Eisenbahn durch das Remstal. Zwei Jahre später kehrt Daimler auf dem Schienenweg in seine Heimatstadt zurück.

Ein kongenialer Partner

»Net so dumme Sache mache, Maschine zeichne!«

Endlich ist er wieder zu Hause. Mutter, Vater und die Brüder sitzen beim Abendbrot mit Gottlieb am Tisch. Die Mutter noch mit Freudentränen in den Augen, obwohl es ihr nicht gut geht. Doch davon will sie jetzt nicht sprechen. Jetzt ist Gottlieb da und jetzt soll er erzählen, wie es ist in der weiten Welt. Und dann erzählt der Heimkehrer stundenlang von Leeds, London und Liverpool und all seinen Erlebnissen in England. Von der harten Arbeit, von den riesigen Maschinen, von den Städten mit ihren rauchenden Schloten und den Menschen, die er getroffen hat. Alle hören gebannt zu, sie überschütten ihn mit Fragen. Selbst sind sie kaum aus dem Remstal hinausgekommen. Und als sich der Vater besorgt nach seinen weiteren Plänen erkundigt, kann ihn Gottlieb beruhigen. Sein Freund aus Stuttgarter Studientagen, Heinrich Straub, hat ihm bereits eine Stelle in der Maschinenfabrik seines Vaters angeboten. Manchmal können sie es in der Höllgasse kaum fassen, was aus ihrem Gottlieb geworden ist.

Und so kommt es tatsächlich: 1863 beginnt Daimler als Ingenieur und Technischer Zeichner in der Geislinger Maschinenfabrik Straub & Schweizer (die spätere WMF) zu arbeiten. Straubs Sohn Heinrich war

Der 30-jährige Daimler tritt in Geislingen seine erste Arbeitsstelle als technischer Zeichner an.

von Daimlers Fähigkeiten schon am Polytechnikum beeindruckt. Vater Straub gab deshalb gerne dem Vorschlag seines Sohnes nach, Daimler einzustellen. Zu dessen Aufgaben bei Straub & Schweizer gehört es, Werkzeuge, Mühlen und Turbinen zu konstruieren.

Ein bescheidener Anfang, dem in den folgenden zwanzig Jahren eine Bilderbuchkarriere folgen wird. In Geislingen bleibt der ehrgeizige junge Mann freilich nur wenige Monate. Dann wechselt er auf Empfehlung des Esslinger Unternehmers Emil Keßler, dem Vater seines gleichnamigen Studienfreundes, als Konstrukteur und Werkstattinspektor ins »Bruderhaus Reutlingen«. Eine Entscheidung, die, wie sich zeigen wird, für Daimlers weiteren Werdegang von größter Bedeutung ist.

Die von Gustav Werner, einem sozial engagierten, ehemaligen evangelischen Pfarrer, gegründete Unternehmung in Reutlingen beschäftigt vor allem Vollwaisen, Verarmte und Behinderte. In einer Papierfabrik, einer Holzbearbeitungsanstalt und einer Maschinenfabrik erhalten sie Arbeit und Ausbildung.

Kaum dort angekommen, lernt Gottlieb Daimler den Mann kennen, der ihn zeitlebens beruflich begleiten und einer der bedeutendsten Ingenieure des 19. Jahrhunderts werden wird: den 1846 geborenen Wilhelm Maybach. Der zwölf Jahre jüngere Maybach wird im Bruderhaus der Assistent des inzwischen 31-jährigen Konstrukteurs. Der Lebensweg der beiden sollte sich von da an nicht mehr trennen. 35 Jahre lang bleibt Maybach Gottlieb Daimlers kongenialer Partner.

Bitte an edle Menschen = freunde

für 5 vater= und mutterlose Knaben von 12 bis 4 Jahren.

Die Mutter dieser 5 Waisen starb vor 3 Jahren, und der Vater fand kürzlich seinen Tod in einem See in Böblingen; da sie nun gar keine Mittel zu ihrer Erhaltung haben, auch an Kleider und Weißzeug sehr entblößt sind, so ergeht daher die herzliche Bitte an wohlthätige Menschen, sich der armen Kinder durch Liebesgaben annehmen zu wollen, auch die kleinste Gabe ist willkommen.

Beiträge übernehmen und werden zu seiner Zeit Rechenschaft ablegen: Louise Kauffmann, verlängerte Hauptstätterstraße Nr. 77, 3. Tr. Catharine Loit, im Mangold'schen Handschuhladen, Königsstraße Nr. 45.

Mit einer Zeitungsannonce appellieren Verwandte »an Menschenfreunde«, die verwaisten Maybach-Kinder aufzunehmen.

Dass Maybach eines Tages ein Ingenieur von Weltrang werden würde, war ihm freilich nicht in die Wiege gelegt. Der Vater Christian stammte aus Löwenstein und arbeitete in Heilbronn als Schreiner. 1851 zog die Familie aus wirtschaftlichen Gründen nach Stuttgart, wo der Vater eine Stelle bei der Klavierfabrik Schiedmayer fand. Dann starb plötzlich Maybachs Mutter. Und nur zwei Jahre später, 1856, ertrank auch der Vater in einem See in Böblingen. Es ist bis heute nicht geklärt, ob er den Freitod gewählt hatte.

Am 20. März 1856 war dann folgende Anzeige in der Zeitung zu lesen: »Bitte an edle Menschenfreunde für 5 vater- und mutterlose Knaben von 12 bis 4 Jahren. Die Mutter dieser 5 Waisen starb vor 3 Jahren, und der Vater fand kürzlich seinen Tod in einem See in Böblingen. So ergeht die herzliche Bitte an wohltätige Menschen sich der armen Kinder durch Liebesgaben annehmen zu wollen [...].« Maybachs

Verwandte sahen sich nicht mehr in der Lage, für die drei jüngsten Buben der Familie zu sorgen. Sie hofften, mit diesem öffentlichen Aufruf einen edlen Menschenfreund zu finden, der in Person von Gustav Werner dann auch tatsächlich in Erscheinung trat. Werner gab dem Waisen Wilhelm Maybach im Alter von zehn Jahren ein neues Zuhause. In Maybachs Jugenderinnerungen erstrahlt die Zeit im Bruderhaus in hellstem Licht. Er fand dort nicht nur Freunde, sondern auch Geborgenheit. Als der zeichnerisch begabte Maybach 15 Jahre alt war, schickte ihn Gustav Werner ins Konstruktionsbüro der Maschinenfabrik des Bruderhauses. Nebenbei bekam er Fremdsprachenunterricht in Englisch und Französisch und besuchte die Oberrealschule. Nach den Plänen seiner Lehrer sollte Maybach anschließend das Konditor- und Bäckerhandwerk erlernen.

Doch es kam anders: Ab 1865 arbeiteten Gottlieb Daimler und Maybach zusammen. Daimler wurde für Maybach zur Vaterfigur, mit der ihn ein symbiotisches Verhältnis verband. Der schon weit gereiste Daimler imponierte dem jungen Burschen sichtlich. »Die erste Bekanntschaft bildete das tragende Fundament und blieb richtungsgebend für das menschliche Verhältnis der beiden zueinander«, beschrieb der Daimler-Biograph Kurt Rathke einst die enge Verbindung und langjährige Zusammenarbeit der Konstrukteure.

Gottlieb Daimler lernt in dieser Zeit nicht nur Maybach, sondern auch seine erste Frau kennen: Emma Kurtz, Tochter des Apothekers Friedrich Kurtz aus Maulbronn. Es wird viel darüber spekuliert, wo und wie Daimler die neun Jahre jüngere Frau aus gutbürgerlichem Haus kennengelernt hat. Vielleicht hat der Erfinder sie bei einem Ausflug ins Kloster Maulbronn nur zufällig getroffen. Wir wissen es nicht. Am 9. November 1867 feiern sie jedenfalls in der Klosterkirche Hochzeit. Daimlers Vater – seine Mutter war bereits gestorben – und seine drei Brüder reisen zu der Feier an. Aus der Ehe mit seiner ersten Frau Emma gehen fünf Kinder hervor, die drei Söhne Paul, Adolf und Wilhelm und die Töchter Emma und Martha. Besonderer Fürsorge bedarf der jüngste

Sohn, den die Familie liebevoll »unser Wilhelmle« nennt. Infolge eines Unfalls leidet er an einer Rückgratverkrümmung. Wilhelm stirbt bereits im Alter von 15 Jahren.

Zur Hochzeit ist natürlich auch der 21-jährige Maybach eingeladen. Der junge Mann trifft in Maulbronn zum ersten Mal Bertha Habermaas, seine spätere Frau. Sie ist die Freundin und Schulkameradin von Emma. Berthas Vater ist der Posthalter von Maulbronn und betreibt eine Gastwirtschaft. Doch da gut Ding Weile haben will, sieht Maybach nach der Hochzeit seine Bertha erst einmal lange Zeit nicht mehr.

Erst als Jahre später die vom Heimweh geplagte Emma Daimler ihre Freundin nach Deutz, Daimler und Maybachs spätere Wirkungsstätte, einlädt, treffen sich die beiden wieder. Und dann geht es ganz schnell: Im Juni 1878 feiert das Paar Verlobung, drei Monate später heiraten sie in Maulbronn. Das Paar lässt sich wie die Daimlers in der Klosterkirche trauen. Seiner Frau schenkt Wilhelm

Im »Bruderhaus« begegnet Daimler erstmals Wilhelm Maybach. Zeitgenössische Ansicht der Produktionsanlagen in Reutlingen.

Wilhelm Maybach – der »König der Konstrukteure«. Er bleibt Daimler zeitlebens verbunden.

Maybach zur Hochzeit ein Klavier. Als erstes Kind kommt am 6. Juli 1879 Sohn Karl auf die Welt. Er wird später in Maybachs Fußspuren treten. Von Kindesbeinen an interessiert er sich für die Arbeit seines Vaters. Als der kleine Karl einmal das Konstruktionsbüro in Deutz besucht, wird er von den Zeichnern mit der Aufforderung auf den Tisch gestellt: »Sag mal wat, Jüngelchen, sag mal wat.« Der aufgeweckte Junge, nicht auf den Mund gefallen, soll den Rheinländern darauf geantwortet haben: »Net so dumme Sache mache, Maschine zeichne!«

Bertha und Wilhelm Maybach bekommen zwei weitere Kinder: Der zweite Sohn Adolf wird 1884, Tochter Emma 1892 geboren. Eine Sonderform der Schizophrenie macht Adolf mit 16 Jahren zum Pflegefall, worauf er in die Heil- und Pflegeanstalt nach Schussenried kommt. Adolf Maybach wird später Opfer der NS-»Euthanasie«: Am 18. Juni 1940 wird er in die berüchtigte Tötungsanstalt Grafeneck auf die Schwäbische Alb deportiert und ermordet.

In der Daimler-Motoren-Gesellschaft, die 1890 gegründet wird, verliert Maybach nach Daimlers Tod an Einfluss. Wegen Auseinandersetzungen mit dem Aufsichtsrat verlässt Wilhelm Maybach 1907 die Gesellschaft und gründet gemeinsam mit seinem Sohn Karl und Ferdinand Graf von Zeppelin in Bissingen an der Enz die Luftfahrzeug-Motorenbau GmbH, die ab 1918 Maybach-Motorenbau GmbH heißt und das Vorgängerunternehmen der Motoren- und Turbinen-Union Friedrichshafen GmbH (MTU) ist. Vater und Sohn Maybach konstruieren erfolgreich Luftschiffmotoren für Graf Zeppelin.

Am 29. Dezember 1929 stirbt Wilhelm Maybach im Alter von 83 Jahren. Er wird wie Gottlieb Daimler auf dem Cannstatter Uff-Kirchhof beerdigt. Im Gegensatz zu seinem langjährigen Geschäftspartner konnte er seinen Lebensabend noch genießen.

Wilhelm Maybachs Sohn Karl baut nach dem Ersten Weltkrieg Automobile der Luxusklasse unter dem Markennamen »Maybach«. Im September 1921 ist auf der Automobilausstellung in Berlin der erste »Maybach« zu bestaunen. Große Stückzahlen werden allerdings von dem Luxusgefährt nicht hergestellt. Dennoch kommen bis 1939 einige legendäre Modelle auf den Markt. 1941 wird die Produktion dann eingestellt.

Mehr als 60 Jahre später lässt die DaimlerChrysler AG (heute Daimler AG) die Automobilmarke »Maybach« wieder auferstehen und stellt in Genf 2002 unter diesem Namen eine Limousine vor. Bereits 2012 wurde die Produktion aber erneut eingestellt. Die Verkaufszahlen hatten den Erwartungen nicht entsprochen.

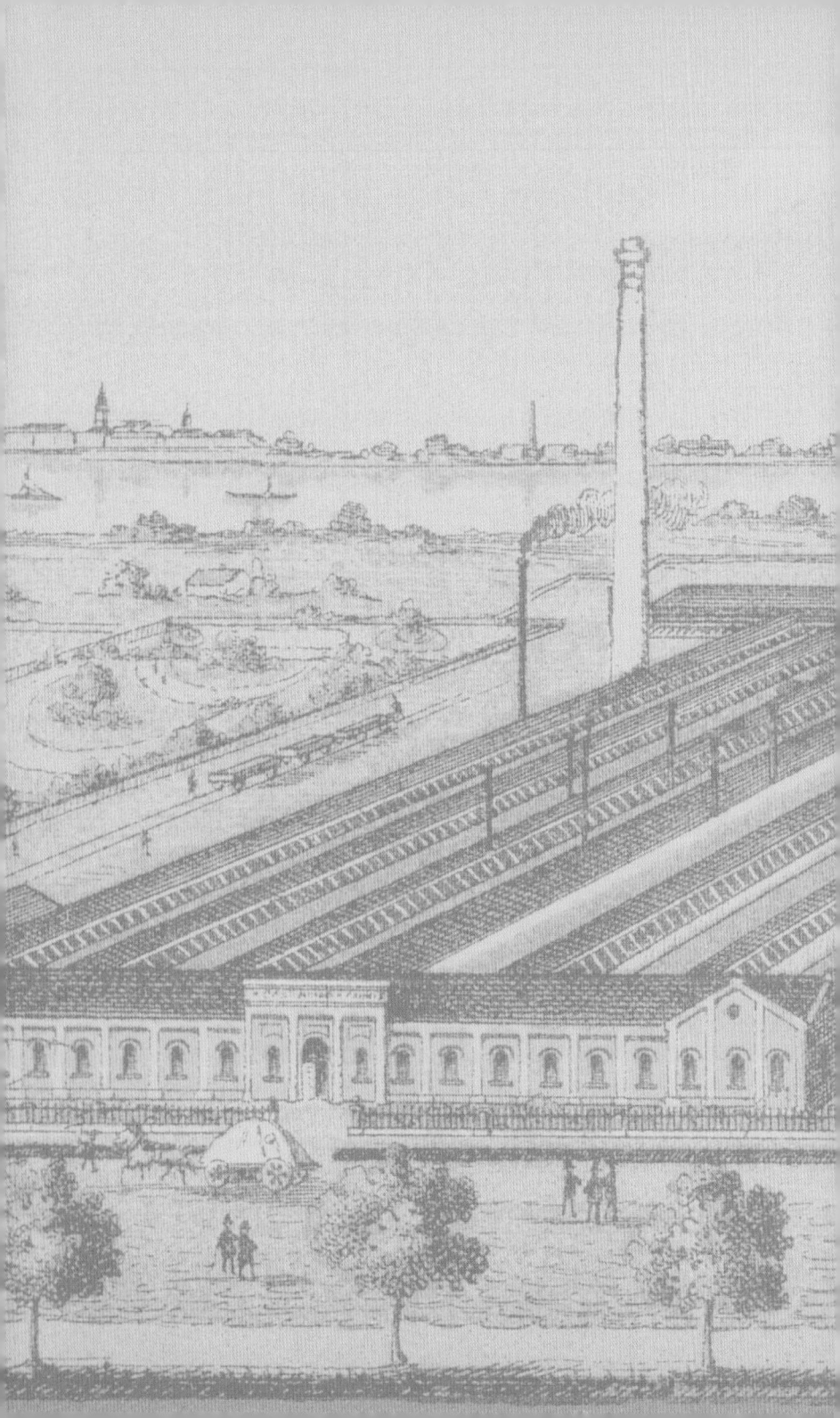

Die größte Gasmotorenfabrik der Welt

»Von hier aus wird ein Stern aufgehen«

Im Konstruktionsbüro des Bruderhauses in Reutlingen, 1868: Gottlieb Daimler tritt an Maybach heran und legt seine Hand auf die Schulter des jungen Mannes, der ihm in den letzten Jahren so sehr ans Herz gewachsen ist. Maybach unterbricht seine Arbeit am Zeichenbrett, legt den Bleistift zur Seite und blickt seinen Mentor erwartungsvoll an. Es liegt etwas in der Luft, schon seit Tagen scheint Daimler ihm etwas mitteilen zu wollen. Nun spricht er. Und als Daimler – innerlich merklich bewegt – endet, nickt Maybach ihm zu, um ihm zu verstehen zu geben, dass er einverstanden ist. Vier Jahre sind genug. Daimler muss hier weg – und er ist willens, Maybach mitzunehmen.

Ob es sich so abgespielt hat oder ein Streit mit dem kaufmännischen Leiter des Bruderhauses Munz vorausging? In Reutlingen waren Daimlers Pläne jedenfalls gescheitert, Kleinmotoren, besonders auch für Straßenfahrzeuge, zu entwickeln. Direktor Munz brachte für diese ausgefallenen Ideen kein Verständnis auf.

Die Dinge entwickeln sich in Reutlingen also zunehmend zum Schlechten. Als Daimler 1868 das Angebot bekommt, als

technischer Leiter zu der stark expandierenden Maschinen-bau-Gesellschaft Karlsruhe zu wechseln, sagt er deshalb zu. 1869 verlässt er das Reutlinger Bruderhaus.

Der Karlsruher Betrieb war in den 1830er-Jahren von Emil Keßler senior gegründet worden (der in den 40er-Jahren auch die Maschinenfabrik Esslingen ins Leben gerufen hat-te). Das Unternehmen produzierte Lokomotiven, Dampfma-schinen, Turbinen und andere Eisenkonstruktionen. Anders als in England, wo die Eisenbahn den Fabriken nachfolgte, gedieh in Deutschland die Industrialisierung weitgehend immer erst dort, wo die Schienenstränge schon hinführten. Hierzulande trug die Eisenbahn entscheidend zur Entwick-lung der Industriestandorte bei. Als am 12. September 1840 die erste Eisenbahnstrecke Badens zwischen Mannheim und Heidelberg eröffnet wurde, fuhren darauf noch englische Lo-komotiven. Emil Keßler und sein Mitunternehmer Theodor Martiensen hatten deshalb die Möglichkeiten, die im Eisen-bahnbau steckten, für ihr Unternehmen erkannt. 1842 liefer-ten sie die erste in Südwestdeutschland produzierte Lokomo-tive aus. Eine Randnotiz der Geschichte: In just dieser Fabrik hatte 1864/65 auch Carl Benz als Schlosser gearbeitet.

In Karlsruhe beginnt Daimler erstmals, sich zumin-dest theoretisch mit jener Art von Motor, die ihm schon lange durch den Kopf geht, intensiver zu beschäftigen. Vorrangig ist er aber mit der Planung und Ausführung für

Erweiterungsbauten der dortigen Werkanlagen betraut. Ein knappes Jahr später holt er Wilhelm Maybach nach Karlsruhe. Welchen Glücksgriff die Maschinenbau-Gesellschaft mit Daimler gemacht hat, wird bereits 1870/71 deutlich, als Daimlers Organisationstalent die Maschinenfabrik weitgehend unbeschadet durch die unruhigen Zeiten des Krieges mit Frankreich bringt.

Zum beruflichen Erfolg kommt in der Karlsruher Zeit auch das private Glück hinzu: Emma Daimler bringt am 13. September 1869 Paul zur Welt. Und fast genau zwei Jahre später, am 8. September 1871, folgt ihr zweitgeborener Sohn Adolf. Mit Daimlers leitender Position dürfte sich nun auch die wirtschaftliche Situation der Familie entscheidend verändert haben.

Doch die Uhren bleiben nicht stehen: Daimler hat sich mit der erfolgreichen Planung und Erweiterung der Maschinenfabrikanlagen in Karlsruhe erhebliche Meriten erworben. Es dauert nicht lange und sein guter Ruf spricht sich unter Deutschlands Großfabrikanten herum und erreicht das Rheinland. Dort stehen Eugen Langen und Nikolaus Otto vor einem ganz ähnlichen Problem. Die von ihnen 1864 gegründete Gasmotorenfabrik in Deutz bei Köln platzt aus allen Nähten. Für die notwendigen Erweiterungen der Fabrikanlagen erscheint Langen der Schwabe der richtige Mann zu sein. Hergestellt und vermarktet wird in Deutz der von Otto entwickelte Gasmotor. Eugen Langen, der später die Wuppertaler Schwebebahn konstruieren wird, stellt schließlich 1872 Daimler als Betriebsleiter für die Werkstätten und das Zeichenbüro ein. Daimler steht vor der nächsten Stufe auf dem Weg nach oben.

Finanziell lohnt der Schritt nach Deutz. Daimlers jährliches Gehalt beträgt 1500 Taler, zusätzlich erhält er eine Gewinnbeteiligung von fünf Prozent. Bereits in Karlsruhe entscheidet er, auch dieses Mal Maybach mitzunehmen und ihn als Zeichner in der Gasmotorenfabrik anzustellen – für ein Gehalt von sechzig Talern im Monat. Es dauert freilich nicht lange, und Daimler macht ihn zum Leiter der dortigen Konstruktionsabteilung.

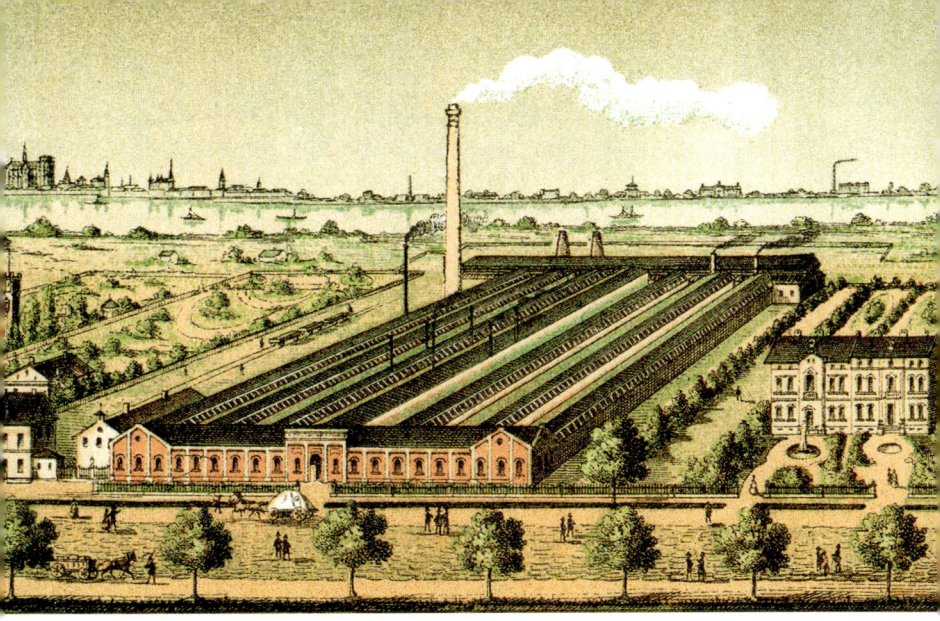

Doch obwohl Daimler eine herausragende Führungsposition in Deutz innehaben wird, fällt ihm die Entscheidung, ins Rheinland zu wechseln, nicht leicht. Auch seine Ehefrau Emma klagt darüber, dass sie nun mit den beiden Söhnen Paul und Adolf von Karlsruhe nach »Norddeutschland« umziehen muss. Um seine Familie auf die neue Umgebung einzustimmen, schickt Daimler aus Deutz die berühmte Postkarte mit dem Stern nach Hause. Er kennzeichnet darauf die Lage des neuen Hauses. Darunter der vielzitierte Satz: »Von hier aus wird ein Stern aufgehen und ich will hoffen, dass er uns und unseren Kindern Segen bringt.«

Daimler fügt sich rasch ein in der Gasmotorenfabrik – und er setzt Zeichen: Kaum eingewöhnt, fordert Daimler größere Sorgfalt bei der Herstellung der Gasmaschinen. Er beklagt die mangelnde Qualifikation der Arbeiter, die nicht den Anforderungen entsprechen würden, die, seiner Ansicht nach, an Maschinenbauer gestellt werden müssten. Die Kritik zielt weniger gegen die Arbeiter selbst als gegen die Werksführung, die die Kräfte ausgewählt hat. Eine herbe Kritik, die vor allem bei Otto Unmut auslöst. Der Autodidakt, der den Viertaktmotor mitentwickelt hat, ist derartigen Widerspruch offenbar nicht gewöhnt. Noch mehr wurmt ihn

Außenansicht der Produktionsanlagen in Deutz, um 1870. In dieser Fabrik werden riesige Gasmotoren für den industriellen Einsatz hergestellt. Rechts das Doppelhaus der Familien Otto und Daimler.

die Tatsache, dass Daimlers Arbeit hohe Akzeptanz beim Aufsichtsrat findet. Der ist sichtlich angetan von Daimlers praktischem Verstand, der auf die Rationalisierung der Fabrikationsabläufe zielt. Die meisten neuen Ideen des schwäbischen Ingenieurs wirken sich positiv auf die Herstellungskosten der Maschinen aus.

Daimler holt sich neben Maybach weitere Mitarbeiter aus seiner schwäbischen Heimat, darunter Christian Raithel und Meister Schaible aus Schorndorf. Später werden diese Männer davon berichten, dass sie von Daimler »als zu seiner Familie gehörig« behandelt worden seien. In Deutz vermisst Daimler den heimischen »Stallgeruch«, entsprechend häufig sucht er den Kontakt mit seinen »Landsleuten«. In der Fabrik macht unterdessen der Begriff vom »Schwabennest« die Runde.

Die berühmte Postkarte, die Daimler 1872 aus Köln an seine Familie schickt. Der Stern, den Daimler auf die Postkarte kritzelt, markiert den Ort seines Wohnhauses und ist der Ursprung des späteren Mercedes-Markenzeichens.

Doch was zählt, sind Ergebnisse: Daimler gelingt es, die Gasmotorenfabrik erfolgreich voranzubringen. Otto hatte zwar den Gasmotor zur Serienreife gebracht und später die Grundidee des Viertaktprinzips entwickelt. Doch es ist Daimler, der den Gasmotor ganz wesentlich verbessert und auch an der Fortentwicklung des Viertaktmotors entscheidend mitwirkt. Maybach konstruiert die Maschine durch. Auf den Vorschlag Daimlers, den neuen Motor neutral »Neuen Deutzer Motor« zu nennen, geht Otto nicht ein. Er besteht darauf, dass der Motor seinen Namen

trägt. Rückblickend schreibt Daimler dazu im Jahr 1894: »Die Gasmotorenfabrik hat seinen großen Aufschwung und den guten Ruf seines Fabrikates nicht zum wenigsten meiner Mitwirkung als technischer Direktor zu verdanken.«

Otto und Daimler sind ganz unterschiedliche Charaktere. Daimler, ein echt schwäbischer Sturkopf, pflegt seine Kritik unverblümt zu äußern. Die Fabrik von Otto bezeichnet er schon mal als »Murksbude« und Otto selbst einen »Dilettanten«. Daimler lehnt es auch ab, sich in Konstruktionsfragen der Mehrheit zu unterwerfen. Vor allem aber verfolgt der Ingenieur Daimler andere Interessen als der

Mit dem Gründer der Gasmotorenfabrik Nikolaus Otto gerät Daimler immer wieder in Konflikt.

Kaufmann Otto. Daimler besteht in Deutz immer wieder hartnäckig darauf, seine Idee zu verwirklichen: den leichten, universell einsetzbaren, schnelllaufenden Benzinmotor. Otto hingegen will nur den schweren, stationären, langsam laufenden Gasmotor für den Einsatz in Fabriken weiterentwickeln.

Es kommt, wie es kommen muss: Daimler und Otto werden zu erbitterten Kontrahenten und verkehren oft nur noch schriftlich. Der Aufsichtsrat ist um Schlichtung zwischen den beiden bemüht. Doch das gelingt nicht.

Dieser Disput ist auch in privater Hinsicht tragisch, da die Familie Daimler sich im Rheinland durchaus wohlzufühlen beginnt. Daimlers und Ottos wohnen Tür an Tür in einem Doppelhaus neben der Fabrik. Die Kinder – Ottos haben sieben – spielen gemeinsam in den angrenzenden Gärten. Die Eheleute Daimler bekommen in dieser Zeit dreimal Nachwuchs: Emma (11. April 1873), Martha (22. Oktober 1878) und Wilhelm (4. Juli 1881). Gottlieb Daimler, der ein großer

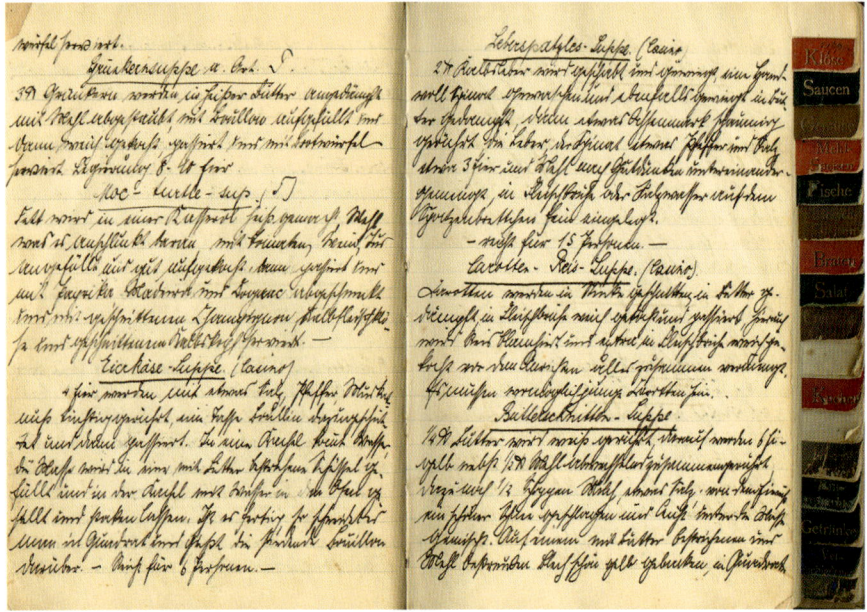

Naturliebhaber ist, hat seinen Garten zu einer wahren Musteranlage gestaltet. »Er hing mit besonderer Liebe an der Natur, versuchte die Gärten in Deutz und später in Cannstatt für den Eigenbedarf nutzbar zu machen«, erinnert sich später Sohn Paul. Auch an Kleintieren wie Enten und Gänsen kann sich die Kinderschar erfreuen. In dieser Idylle findet Gottlieb Daimler die notwendige Erholung, obwohl ihm nicht viel Zeit für seine Frau und die Kinder bleibt. Emma Daimler obliegt die Kindererziehung. Gottlieb, der füllig geworden ist, erfreut sich am guten Essen seiner Ehefrau, die eine hervorragende Köchin ist. Ihr persönliches Kochbuch ist umfangreich und legendär und wird später an Tochter Martha weitervererbt.

Am beruflichen Konflikt zwischen Otto und Daimler ändert das alles allerdings nichts: Eine weitere Zusammenarbeit zwischen den beiden scheint nicht mehr möglich. Daimler erhält deshalb das Angebot, für die Gasmotorenfabrik in Russland neue Absatzmärkte auszuloten. Er willigt ein, auch weil er hofft, dass sich durch diese Reise die Situation in Deutz entspannt.

Das Ehepaar
Daimler um
das Jahr 1875.

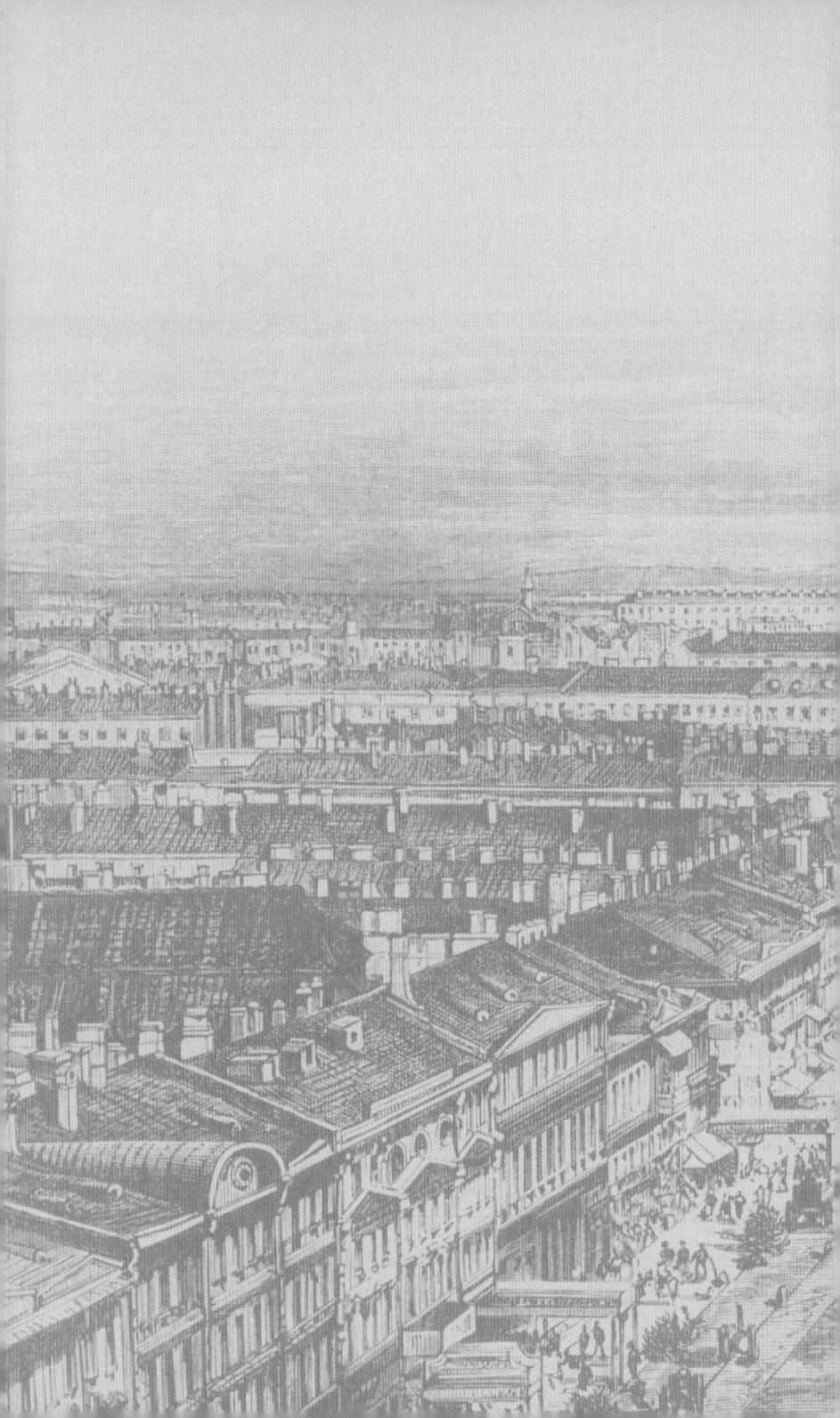

Einmal Russland und zurück

»Alle sind mit dem Schlitten unterwegs«

Freitag, 14. Oktober 1881. In der Wiege gluckst der drei Monate alte Wilhelm, während Emma Daimler warme Wintersachen aus einem Kleiderschrank holt und sie in einen großen Reise-koffer legt. Emma stehen die Sorgenfalten im Gesicht. Der fünf-fachen Mutter macht das Herz zu schaffen. Und sie ist wahrlich nicht glücklich darüber, dass ihr Ehemann die Familie für drei Monate Richtung Russland verlassen wird. Nach Jahren des Glücks fühlt sie dunkle Wolken über der Familie aufziehen. Ihr ist, als ob sich die Zeit in Deutz dem Ende zuneigt.

Als Gottlieb Daimler in Köln in den Zug steigt, weiß er vermutlich, dass am Ende dieser Reise über seine Zukunft entschieden wird. Der Weg führt ihn über Hannover, Berlin, Frankfurt an der Oder nach Warschau, wo er sich zunächst fünf Tage aufhält. Dann reist er über Moskau weiter nach St. Petersburg. Hier bezieht er Quartier und erlebt den Wintereinbruch in Russland. Es schneit ununterbrochen und »alle sind mit dem Schlitten unterwegs«, trägt er in sein umfangreiches Notizbuch ein, das er während der Reise akribisch führt.

Palais Potiomty Ostroffk

Seine in Russland entstandenen Zeichnungen zeigen Daimlers künstlerische Seiten.

Daimler informiert sich in Russland ausführlich über den Zustand der Industrie im Zarenreich. So hält er beispielsweise fest, in welchen Städten es bereits eine Gasversorgung gibt und wo Gasmotoren schon im Einsatz sind. Aber auch die Arbeitsmoral nimmt Daimler unter die Lupe. Bei einem Besuch der Firma »Petroffsky Oilworks« erfährt er, dass es hierzulande 70 Extrafeiertage neben den Sonntagen gibt – und dazu das »Blaumachen« grassiert. Auch in den Städten Gorki, Kiew und Odessa verschafft er sich einen Überblick über den Stand der Industrialisierung.

Gleichzeitig geben St. Petersburg und die winterliche Umgebung der Stadt Daimler eine Ahnung von der kulturellen Vielfalt und den Naturschönheiten des Landes. Er besucht in Petersburg die Oper und bestaunt bei Fahrten mit der Troika, einem Wagen mit drei Pferden, die Naturschönheiten. Seine in Russland entstandenen Bleistiftzeichnungen von Städten und Landschaften zeigen Daimler als einfühlsamen Beobachter und künstlerischen Menschen.

Auf dieser strapaziösen Reise hat sich aber offensichtlich auch eine Idee verfestigt, die noch von sich reden machen wird. Schon auf der Heimreise notiert er im Bahnabteil: »[...] der Zwang der Bahnen war mir zuwider und führte zum Gedanken der selbsttätigen Fahrerei.«

Zurück in Deutz berichtet Daimler ausführlich über seine Erkenntnisse und die Absatzchancen der Deutz-Motoren in Russland. Was er nicht weiß: Zwischenzeitlich und hinter Daimlers Rücken hat Otto den Vorstand der

Aktiengesellschaft vor die Alternative gestellt: entweder er oder Daimler. Auf die daraufhin Daimler angetragene Offerte, ein Zweigwerk in St. Petersburg zu leiten, lässt dieser sich nicht ein. Das Resultat ist das Kündigungsschreiben kurz nach Weihnachten, am 28. Dezember 1881. So trennt man sich also tatsächlich im Streit. Um seine Zukunft zu planen, gelingt es Daimler, eine lange Kündigungsfrist zu vereinbaren. Endgültig scheidet er am 30. Juni 1882 aus. In seinen Tagebüchern bringt er seine tiefe Enttäuschung zum Ausdruck: »O. hat man alles gegeben und mir das Meine genommen. Sie haben mich um meine Ehre gebracht.«

Nikolaus Otto, nach dem später der Ottomotor benannt wird, stirbt am 26. Januar 1891 in Köln. Er wird nur 58 Jahre alt. In einem Kondolenzbrief an Ottos Witwe wird Daimler trotz des alten Zerwürfnisses seine ehrlich gemeinte Betroffenheit zum Ausdruck bringen: »[...] auch ich habe ihm viel zu danken, die ganze Vergangenheit steigt mir wieder vor der Seele auf und auch mein späteres Lebensschicksal ist mit durch ihn bestimmt worden.«

Auf seiner Dienstreise durch Russland genießt Daimler auch die kulturellen Angebote in St. Petersburg. Die Abbildung zeigt die Stadt an der Newa um 1880.

Experimente unter größter Geheimhaltung

»Hier wird kein Geld gemacht«

Januar 1882. Es ist nasskalt. Gottlieb Daimler schlendert durch den Cannstatter Kurpark. Einige Tage zuvor war er mit dem Zug von Köln angereist. Er muss für sich und seine Familie wieder einmal nach einer Wohn- und Arbeitsstätte suchen. Es muss weitergehen, unbedingt. Der bittere Abgang in Deutz hat ihm heftig zugesetzt, um seine Gesundheit steht es nicht zum Besten. Er leidet unter Herzbeschwerden. Sein Spaziergang führt ihn in die Taubenheimstraße, dort fällt sein Blick auf eine zweistöckige Villa mit prächtiger Gartenanlage. Ihm war zu Ohren gekommen, dass das Haus zum Verkauf steht. Der Naturliebhaber ist begeistert von der Schönheit des Anwesens, das der Witwe des Kaufmanns Schickhardt gehört, dem ehemaligen Inhaber des Stuttgarter »Tuchhaus am Markt«. Mit der Witwe wird er sich bald einig: Am 31. Januar 1882 erwirbt er die Villa zum Preis von 75 000 Goldmark.

Gottlieb Daimler ist durch den Rauswurf in Deutz zu einem wohlhabenden Mann geworden. Seine bisherigen Einkünfte und vor allem das Aktienpaket im Wert von 112 000 Reichsmark, das er als Abfindung erhält und das erhebliche Dividenden abzuwerfen verspricht, setzt

Die selbstständige Kleinstadt Cannstatt galt einst als eines der bedeutendsten Kur- und Heilbäder im Deutschen Reich. Hier eine Abbildung aus dem Jahr 1875.

ihn in den Stand, künftig ein großbürgerliches Leben zu führen.

Die Familie Daimler kann deshalb schon im Juli in ihr neues Zuhause in der Taubenheimstraße 13 in Cannstatt am Neckar einziehen. Im Garten des Anwesens befindet sich ein geräumiges Gewächshaus, das Daimler umbauen und erweitern lässt. Der Vorraum mit Schreibtisch und Kommode wird als Büro genutzt. Im dahinterliegenden hellen Glashaus werden Werkzeugbank und eine Schmiede eingebaut. Gleichzeitig lässt Daimler die Wege im Garten verbreitern und mit festem Unterbau versehen. Abseits von Haus und Werkstatt wird eine Art Tankstelle installiert, vielleicht eine der ersten der Welt: In einer ausgemauerten Grube mit einer eisernen Falltür werden Benzinfässer gelagert und bei Bedarf mit einer Winde heraufgezogen.

Mit Maybach, der ihm auch dieses Mal folgt, schließt Daimler am 18. April 1882 einen Arbeitsvertrag ab. Maybach wird mit einem vereinbarten Jahresgehalt von 3600 Reichsmark angestellt, »bei Herrn Daimler in Cannstatt als Ingenieur und Constructeur zur Ausarbeitung und praktischen Durchführung diverser Projecte und Probleme im maschinen-technischen Fache, welche ihm von Herrn

Daimler aufgetragen werden. Er hat Verschwiegenheit in Bezug auf obige Projecte gegenüber Anderen zu bewahren.« So der Wortlaut im Kontrakt.

Im Interesse einer dauernden Verbindung bekommt Maybach einen Betrag von 30 000 Mark als Beteiligung an einer »aus der gemeinsamen technischen Entwicklung zu gründenden Fabrikation« zugesichert. Dieser Vertrag gilt bis zum Tode von Gottlieb Daimler. Die Vereinbarung sollte wohl zum Ausdruck bringen, dass sich beide in idealerweise ergänzten: Daimler hat die Visionen und Ideen, Maybach ist derjenige, der als Konstrukteur alles in die Tat umsetzt. Maybach bezieht zunächst ein Haus in der Nähe des Daimler'schen Anwesens, wo sich auch sein Konstruktionsbüro befindet.

Nicht ohne Grund hatte sich Daimler bei seiner Rückkehr ins Schwabenland für Cannstatt als Wohn- und Arbeitsort

Diese Villa mit großem Garten direkt am Cannstatter Kurpark ist seit 1882 das Zuhause der Familie. Die Fotografie, um 1895, zeigt den Blick vom Garten aufs Haus. In der Mitte auf dem Balkon: Gottlieb Daimler, daneben vermutlich seine zweite Ehefrau Lina. Unten am Balkon rechts vermutlich Paul Daimler.

entschieden. Die 1882 noch selbstständige Kleinstadt mit ihren 17 000 Einwohnern galt im 19. Jahrhundert als eines der bedeutendsten Kur- und Heilbäder im Deutschen Reich. Emma und Gottlieb Daimler waren beide herzkrank und erhofften sich Linderung durch die heilende Kraft der Mineralquellen. Und auch gute Ärzte waren hier zu finden. Vor allem in ihren letzten Lebensjahren hatte Emma Daimler die Herzerkrankung sehr zugesetzt. Gottlieb Daimler selbst hatte schon während seines Aufenthalts in England über seine gesundheitlichen Probleme geklagt.

Bad Cannstatt verfügt bis heute mit 19 Mineralquellen, darunter elf Heilquellen, und einer Ausschüttung von täglich 22 Millionen Liter Mineralwasser über das zweitgrößte Mineralwasservorkommen Europas nach Budapest. Bereits 98 n. Chr. hatten die Römer in Cannstatt ein Kastell gebaut und im Mineralwasser gebadet. Ein Leibarzt des württembergischen Herzogs schreibt 1749 euphorisch: »Es scheint, als hätte die Natur ihren Vorrat von mineralischem Wasser in Cannstatt auf einmal ausschütten wollen.«

Es war der württembergische König Wilhelm I., der die Chancen in der ersten Hälfte des 19. Jahrhunderts für Cannstatt erkannt und die Entwicklung zum mondänen Kurbad durch die Gründung eines Brunnenvereins beschleunigt

hatte. Dieser Verein erwarb die Sulzerrainquelle (Wilhelms-brunnen) sowie angrenzende private Gartengrundstücke. Es entstanden Alleen und Anlagen. Im April 1825 erfolgte die Grundsteinlegung für den Kursaal. Mit der Planung be-auftragt wurde der Architekt des Königs, Nikolaus Friedrich von Thouret. Von ihm stammten Anfang 1806 auch die Plä-ne für die königlichen Gartenanlagen am Neuen Schloss in Stuttgart.

Der Kursaal wurde fortan zum Mittelpunkt des gesell-schaftlichen Lebens in Cannstatt. Die Liste der prominenten Kurgäste, darunter viel europäischer Adel, war lang. Betuch-te Herrschaften reisten an, Kaiser und Könige trafen sich hier, darunter Napoleon III. und Zar Alexander II. 1852 be-lief sich die Zahl der Kurgäste auf 1456. Cannstatt war zum Weltbad aufgestiegen. Mit der Industrialisierung fand die Blütezeit Cannstatts als Kurbad von internationalem Rang aber ein Ende. Im Jahr 1933 wurde dem größten Stuttgarter Stadtteil dann der Titel »Bad« verliehen. Seine Glanzzeit als Kurbad war da schon lange vorbei.

Im Gewächshaus in der Taubenheimstraße – rückblickend betrachtet ein fast mythischer Ort der Automobilgeschichte

Die Familie Daimler um 1885 auf der Terrasse der Cann-statter Villa. Von links: Gottlieb Daim-ler, seine Schwäge-rin Marie Kurtz, sein ältester Sohn Paul, sein zweiter Sohn Adolf, Daimlers Schwiegervater – der Apotheker Friedrich Kurtz –, der jüngste Sohn Wilhelm, Daimlers Frau Emma, die äl-teste Tochter Emma und schließlich die zweite Tochter Martha – außerdem Hund Bello.

– beginnen Daimler und Maybach schon bald nach dem Umzug mit ihren Experimenten. Die Versuche sollen unter größter Geheimhaltung durchgeführt werden, denn Daimler fürchtet, dass die Konkurrenz Wind von der Sache bekommen könnte. Auch die Hausangestellten sind nicht darüber informiert, was die Konstrukteure im Gewächshaus treiben. Oft tüfteln sie bis spät in die Nacht. Das erweckt vor allem bei Daimlers Gärtner, einem Mann namens Weinbuch, irgendwann heftiges Misstrauen.

Experimente unter größter Geheimhaltung

In der Werkstatt im Gartenhaus entsteht mit dem »Reitwagen« das erste Motorrad der Welt. Das Foto zeigt die rekonstruierte Werkstatt mit einem Nachbau des Fahrzeugs.

Dass da keine Pflanzen gezüchtet werden, ist dem aufrechten Weinbuch schon längst klar geworden, zumal er, obgleich doch der Hausgärtner, keinen Zutritt zum Gewächshaus hat. Laute Klopf- und Metallgeräusche lassen in ihm bald den Verdacht aufkommen, dass hier Falschmünzer am Werk sein könnten. Weinbuch vertraut sich dem Cannstatter Polizeiwachtmeister Eberhardt an, worauf ihn die Polizei beauftragt, vom Schloss der Gewächshaustüre einen Wachsabdruck zu machen.

Eines Nachts dringen Weinbuch und zwei Polizeibeamte dann tatsächlich in die vermeintliche Falschmünzerwerkstatt ein. Zuvor musste der Gärtner dafür sorgen, dass die Verbindungstüre zwischen dem benachbarten Kurpark und dem Garten des Daimler-Anwesens offen steht – und den großen Hofhund beiseiteschaffen. Doch im schwachen Licht sehen die Eindringlinge unter der Abdeckung nur Maschinenteile und Räder. Der Cannstatter Polizeiunteroffizier Johann Sieger schreibt später ins Protokoll: »Hier wird kein Geld gemacht, denn die Hauptsache, die Stanze, fehlt! Der Gärtner schämt sich, dass er seinen Herrn in einem solch falschen Verdacht hatte.«

Daimler, der das Herz am rechten Fleck hat, nimmt den nächtlichen Einbruch seinem Gärtner Weinbuch nicht krumm. Schlimmer wäre es gewesen, er hätte für die Konkurrenz spioniert. So darf der Mann weiterhin im Garten sein Werk tun.

Und auch das geheime Treiben von Daimler und Maybach kann weitergehen: Sie machen sich an die Konstruktion eines kleinen, aber leistungsfähigen Verbrennungsmotors mit vielseitigen Anwendungsmöglichkeiten. Maybach muss zunächst die bestehenden Patente auf dem Gebiet der Verbrennungsmotoren durchsehen, ob bereits andere ihnen zuvorgekommen sind. Dazu untersucht er fast 8000 Patente. Sein Augenmerk liegt dabei auf den Zündverfahren.

Im August 1883 ist es dann so weit: Daimler und Maybach bringen ihren ersten Motor zum Laufen. Der liegende, mit Leuchtgas betriebene Motor leistet 0,25 PS bei sensationellen 600 Umdrehungen, dreimal so viel wie die Deutzer Gasmotoren – und er ist leicht: Er wiegt nur 60 Kilogramm. Damit sind bereits erste wesentliche Konstruktionsziele erreicht.

Tatsächlich war der Weg dorthin natürlich von zahlreichen Rückschlägen gesäumt: »Es [...] brauchte unendliche Versuche und unablässige zielbewusste Arbeit des praktisch erfahrenen Ingenieurs, um trotz der anfänglich gänzlich abschreckenden Resultate bei diesen Versuchen mit der freien Zündung, bei den regelmäßigen Frühzündern, welche sich immer und immer wieder einstellten, die beim Antreiben und Komprimieren vor dem toten Punkt unerwartet und unvorhergesehen das Schwungrad zurückwarfen statt vorwärts zu treiben, dem Experimentator die Antriebskurbel wie durch elektrischen Schlag aus der Hand rissen und so das Ziel der freien Selbstzündung als unmöglich erreichbar erscheinen ließen, nicht zu erlahmen«, schreibt Gottlieb Daimler anlässlich eines Patentstreits an das Deutsche Reichspatentamt im Jahre 1894.

Diesen ersten Motor hatte die bekannte Stuttgarter Glockengießerei von Heinrich Kurz aus Bronze nach Maybachs Zeichnungen gegossen. Dafür erhält Daimler am 16. Dezember 1883 sein erstes Patent. Angetrieben wird der Motor von einem Gas-Luft-Gemisch.

Nach weiteren Versuchen gelingt dann sogar die Konstruktion eines stehenden Motors, der wegen seiner Form »Standuhr« genannt wird. Dieser Motor bildet die Basis der Patentanmeldung, die schließlich mit Datum vom 3. April 1885 Daimlers Vision öffentlich macht: Der Einzylinder wiegt ebenfalls nur 60 Kilogramm, leistet 0,5 PS bei jetzt bereits 700 Umdrehungen pro Minute.

Über die »Standuhr«, die bereits mit Benzin betrieben wird, sagt Daimler selbstbewusst: »Der neue Daimler-Motor bildet ein neues, selbständiges Glied in der Entwicklungsphase des Gas- und Petroleum-Motorenbaus. Der Daimler-Motor, verglichen mit dem Otto-Motor und den übrigen zuvor bekannten Systemen, verhält sich hierbei in der Leistung wie das Schnellfeuergewehr zum alten Steinschloßgewehr.« Ein erstes wichtiges Etappenziel auf dem Weg zum leichten Benzinmotor war erreicht.

23
20
21
24
14
2
36
35
11
16
12
48
37
30
21
22
1
6
17
18
19
5
3
15
Fig. 1.

9
1
2
35
11
13
16
30
3
48
17
1
9
Fig. 3.

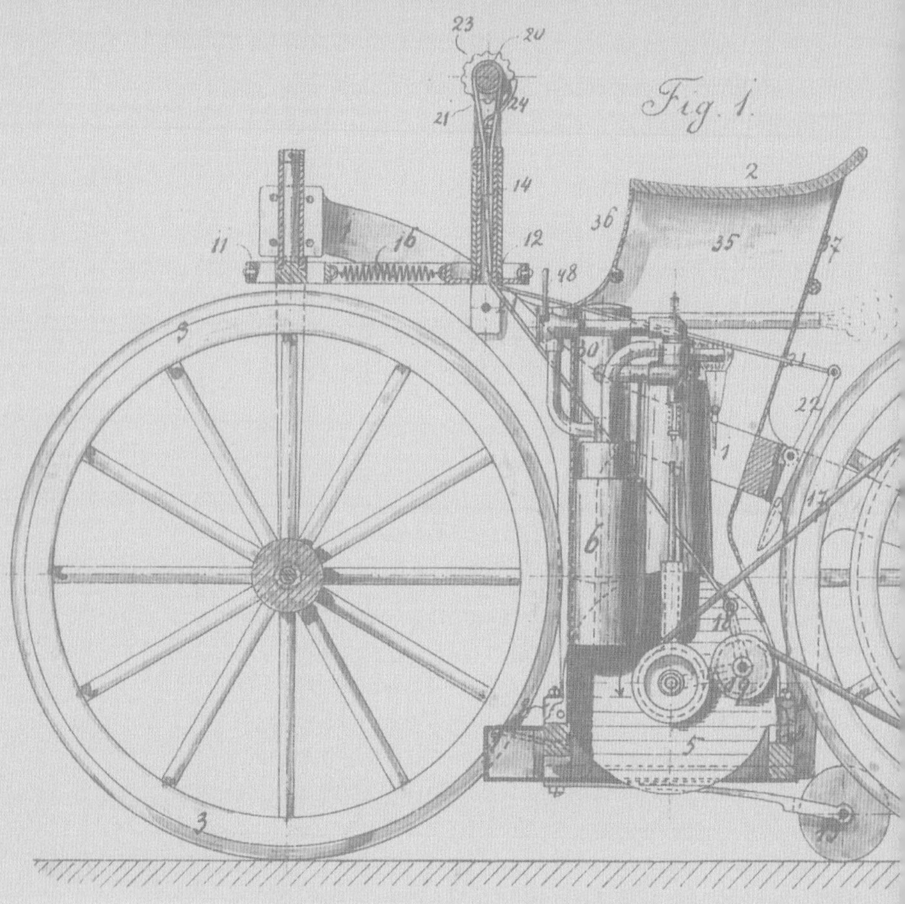

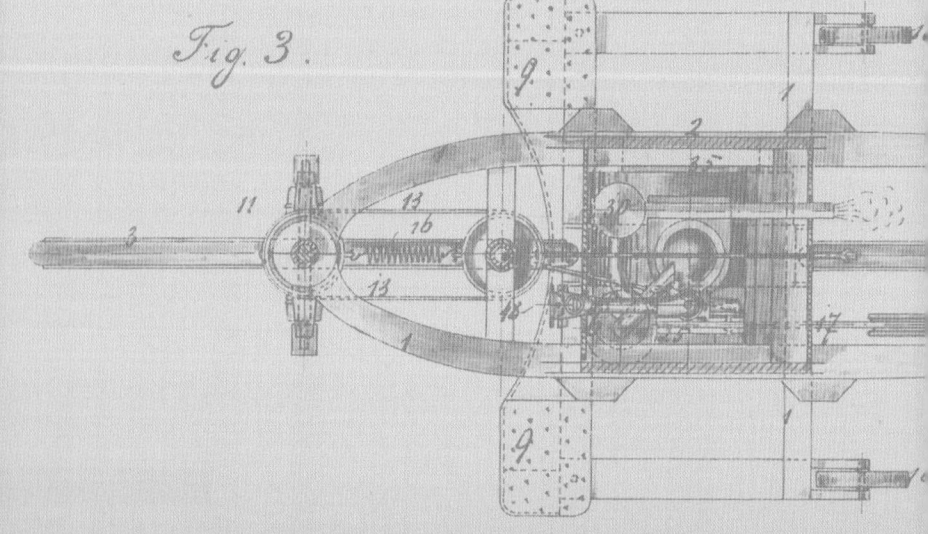

Eine Vision wird Wirklichkeit

»Wenn er mit seinem stinkenden Kasten in die Luft fliegt«

Es wird ein trüber Tag, dieser 10. November 1885. Nebelschwaden hängen an jenem Dienstagmorgen über dem Neckartal. Aus dem Gewächshaus in der Taubenheimstraße dringt das Geräusch eines ratternden Motors. Daimler und Maybach sind sehr früh aufgestanden. Die Nacht war kurz, sie haben wenig geschlafen, das Frühstück lassen sie ausfallen. Daimler klopft seinem Partner aufmunternd auf die Schulter. Heute soll die Jungfernfahrt des Reitwagens stattfinden. Auch Daimlers Söhne Paul und Adolf sind ins Gewächshaus gekommen. Die vier Männer stehen vor einem seltsamen Vehikel aus Holz, an beiden Seiten sind Stützräder angebracht. In den vergangenen Wochen hat Maybach unter dem Ledersattel den Motor, die »Standuhr«, eingebaut und einige kleine Testfahrten unternommen. Dann schiebt Maybach das Gefährt behutsam aus dem Gewächshaus ins Freie. Andächtig verharren die Männer für einen Augenblick, bis der Fahrer auf dem Fahrzeug Platz nimmt und knatternd durch die Taubenheimstraße davonfährt. Augenzeugen stehen fassungslos am Straßenrand. Was sie nicht ahnen – sie werfen in diesem Moment einen Blick in die Zukunft. Was da wie von Geisterhand betrieben an ihnen vorbeifährt, ist das erste Motorrad der Welt.

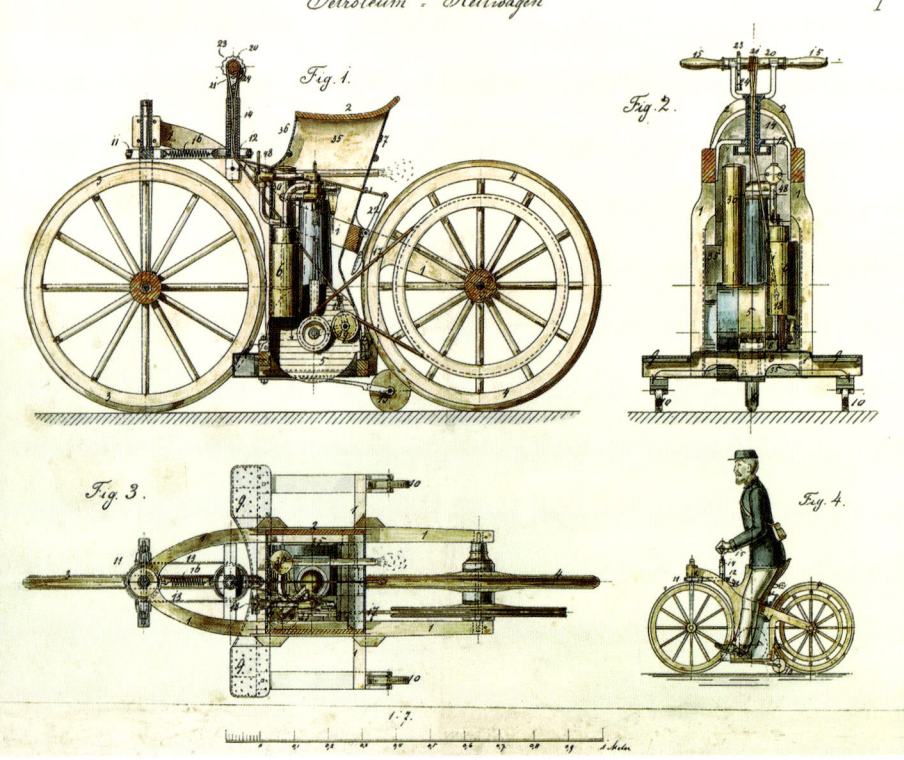

Fig. 1.

Fig. 2.

Fig. 3.

Fig. 4.

1 : 7.

Nach Daimlers Vorgaben fertigt Wilhelm Maybach 1885 diese präzisen Konstruktions-zeichnungen des »Reitwagens« mit »Standuhr« an.

Wer das Gefährt tatsächlich an diesem Tag nach Untertürkheim gelenkt hat, ob Maybach oder einer der Söhne, oft wird Paul genannt, ist bis heute nicht endgültig geklärt. Der Fahrer legt die drei Kilometer jedenfalls mit einer maximalen Geschwindigkeit von zwölf Kilometern pro Stunde ohne Probleme zurück. Daimler und Maybach geben dem Fahrzeug den Namen »Reitrad«. Die große Vision der »selbsttätigen Fahrerei« ist endlich Wirklichkeit geworden. Radfahrzeuge gibt es seit dem 3. Jahrtausend vor Christus. Sie wurden jedoch fast ausschließlich durch Muskelkraft angetrieben. Es waren stets Menschen oder Tiere, die diese Fahrzeuge zogen oder schoben.

Ob das geniale Erfinderduo nach diesem historischen Ereignis gejauchzt oder gejubelt hat, ist nicht überliefert. Sicher ist aber, dass die beiden unermüdlich weiterschaffen. Während Maybach den Motor kontinuierlich verbessert und neue Modelle konstruiert, denkt Daimler darüber

nach, wie weitere Formen des motorisierten Fahrzeugs verwirklicht werden können.

Im Frühjahr 1886 unternimmt
Daimler schließlich den Schritt, der
seinen Namen in alle Zukunft bekannt
machen wird. Bei dem Wagenbauer
Wimpff & Sohn im Stuttgarter Bohnen-
viertel bestellt er eine Kutsche vom
Typ »Americain«, dunkelblau mit roten
Zierstreifen, schwarzen Ledersitzen
und einer Laterne. Nur die Deichsel für
die Pferde fehlt. Daimler lässt die Kutsche – angeblich ein Geschenk zum
43. Geburtstag für seine Frau Emma –
unter strengster Geheimhaltung nachts
in das Daimler-Anwesen liefern. Für die
Kutsche hat er 775 Mark bezahlt.

Unter Anleitung von Wilhelm
Maybach wird die »Standuhr« in das
Gefährt eingebaut, ebenso die Dreh-

Die sogenannte
Standuhr: Am
3. April 1885
wird dieser Motor
mit stehendem
Zylinder zum Patent
angemeldet.

schemellenkung. Die »Motorkutsche« erreicht mit ihrem
1,5-PS-Motor immerhin schon eine Geschwindigkeit von
16 Kilometern pro Stunde.

Es dauert weitere zwei Jahre, bis beim Cannstatter Gemeinderat folgender Antrag eingeht: »Der Unterzeichnete
bittet hiermit um die Erlaubnis zur Befahrung der hiesigen
Straßen mit seiner mechanisch ausgerüsteten viersitzigen
leichten Chaise von gewöhnlicher äußerer Bauart [...].« Vom
Stadtschutzamt erhält er am 28. Juli 1888 die Genehmigung:
»Gegen die beabsichtigte Verwendung der Dampfchaise innerhalb der Stadt ist nichts zu erwidern.«

Warum aber diese zeitliche Verzögerung? Vor allem, weil
die Menschen in Daimlers Umfeld vor der neuen Kraftquel-
le verständlicherweise Angst hatten. Er ließ deshalb seine
Straßenfahrzeuge erst einmal, soweit möglich, im Gartenhaus stehen. Sein Plan war, die Cannstatter zunächst durch

Boote an die neuen Benzinmotoren zu gewöhnen. Er war sich sicher: »Auf dem Wasser fürchten die Menschen das Benzin weniger als zu Lande.« Selbst die Polizei hatte keine Einwände gegen den Motorbetrieb auf dem Neckar – und sah keine Gefahr, selbst »wenn er mit seinem stinkenden Kasten in die Luft fliegt«.

Und so fährt, noch vor der Motorkutsche, auf dem Neckar in den ersten Novembertagen des Jahres 1886 ein Boot, wie von unsichtbarer Kraft getrieben. Es ist mit acht Personen besetzt und bewegt sich mit großer Geschwindigkeit stromauf und stromab. Am Ufer reiben sich Passanten die Augen ob dieser gespenstisch anmutenden Szenerie.

Im Oktober 1886 hatte Daimler seine »Einrichtung zum Betriebe der Schraubenwelle eines Schiffes mittels Gas- oder Petroleumkraftmaschine« zum Patent angemeldet. Erste Probefahrten des Daimler-Motorbootes »Neckar« erfolgten im August 1886.

Auch in diese Kutsche wird die »Standuhr« eingebaut.

Dann bestellt Daimler beim Bootsbauer Seibert in Neckarrems ein Boot von sechs Metern Länge zur Beförderung von elf Personen. Rings um den Bootsrand legt er Drähte, die an weißen Porzellan-Isolatoren befestigt sind. Dadurch soll den am Neckarufer staunenden Menschen der Eindruck eines elektrischen Antriebs vermittelt werden. Mit seinem 1,5 PS starken Motor erreicht das Boot eine Geschwindigkeit von zehn Kilometern pro Stunde.

Wie von Geisterhand getrieben: Daimler-Motorboot 1886 auf dem Neckar bei Cannstatt.

Um den neuartigen Bootsantrieb bekannt zu machen, nimmt Wilhelm Maybach im Frühjahr 1887 auf Einladung des Frankfurter Regattavereins an einem Bootsrennen auf dem Main teil. Die Polizei will die Teilnahme verhindern, »weil alle maßgeblichen Stellen erklären, der mit Benzin vollgepumpte Kahn fliegt in die Luft«. Doch Maybach lässt sich nicht abhalten und geht unter dem Jubel der Zuschauer mit seinem Boot über die Rennstrecke.

Bereits etwas mehr als ein Jahr später, am 19. Juli 1888, lässt sich Reichskanzler Otto von Bismarck das Daimler-Motorboot an seinen Stammsitz nach Friedrichsruh im Herzogtum Lauenburg liefern. Auf dem nahegelegenen See, der aufgestauten Schwarzen Au, absolviert er die ersten Fahrten. Es ist eines der ersten Boote, die Daimler ausliefern lässt. »Nur nichts darüber in Berlin verlauten lassen«, soll Bismarck geäußert haben, »sonst werde ich noch Admiral der Marine.« Dem Boot gibt Bismarck den Namen »Marie«. Als sich die Begeisterung Bismarcks herumspricht, bleibt das nicht ohne Auswirkungen auf den kommerziellen Erfolg, den Daimler mit den Booten erzielt.

Im Herbst 1888 stellt Daimler die Barkasse »Sieben Schwaben« gemeinsam mit seinem Sohn Adolf bei der Einweihung des neuen Hamburger Freihafens vor. Die Reeder zeigen sich von dem Boot sehr angetan. Der große Vorteil der Motorbarkassen besteht darin, dass die Ein- und Ausfahrten an den Hafenfleets von den Gezeiten unabhängig sind. Bisher konnte nur bei Flut eingefahren und bei Ebbe ausgefahren werden. Nun kann der Verkehr zwischen den großen Frachtschiffen und den Hafenspeichern ununterbrochen stattfinden. Ein unschätzbarer Vorteil für die Reeder. Die Daimler-Motorboote finden daraufhin in den Häfen der Welt und auf vielen Binnengewässern zahlreiche Einsatzmöglichkeiten. »Der Bau

Werbeanzeige der Daimler-Motoren-Gesellschaft: Daimler-Motorboote finden rasch in den Häfen der Welt und auf vielen Binnengewässern Verwendung.

Daimler-Motoren-Gesellschaft, Cannstatt

liefert

Daimler-Motor-Boote

in allen Ausführungen.
Vertreter gesucht.

von Bootsmotoren hat meinem Vater in dieser Zeit wirtschaftlich sehr genützt«, notiert später Paul Daimler.

Nun lässt Daimler auch immer häufiger seine Motorkutsche durch die Straßen von Cannstatt fahren. Zu ihrer Juli-Sitzung 1888 holt er die Mitglieder des Württembergischen Ingenieur-Vereins am Cannstatter Bahnhof ab und fährt sie mit Chauffeur demonstrativ durch die Straßen zum Kursaal.

Der Erfinder beginnt, nachdem mit den Booten ein erster Schritt getan war, nun umzusetzen, was von Anfang an seine Vision war: eine umfassende Motorisierung zu Lande, zu Wasser und in der Luft. In alle denkbaren Fahrzeuge und Geräte werden die Daimler-Motoren nun eingebaut: Straßenbahnen, Motor-Draisinen, Eisenbahnen, Feuerspritzen und Beleuchtungswagen. Der Cannstatter Gemeinderat genehmigt ihm den Bau einer kleinen Bahn vom Wilhelmsplatz zum einen Kilometer entfernten Kursaal. Das sogenannte Kursaalbähnle war beim Volksfest 1887 die große Besucherattraktion. 1888 stellt Daimler auf dem Feuerwehrtag in Hannover seine motorisierte Feuerspritze vor.

Daimler denkt auch an den Einsatz seines Motors im Luftverkehr. Im Oktober 1887 liest er von den erfolgreichen Probefahrten mit einem »lenkbaren Ballon« des Leipziger

Anlässlich des Cannstatter Volksfestes im Jahre 1887 nimmt Daimler eine Miniatur-Straßenbahn in Betrieb. Das mit einem Einzylinder-Motor angetriebene Fahrzeug verkehrte in Cannstatt zwischen dem Wilhelmsplatz und dem Kursaal.

Buchhändlers und Luftfahrtpioniers Friedrich Hermann Wölfert. Er lädt ihn nach Cannstatt ein mit dem Vorschlag, den Motor in den Ballon einzubauen. Und tatsächlich startet schon am 10. August 1888 vom Daimler'schen Fabrikhof auf dem Cannstatter Seelberg ein motorisiertes Luftschiff. Als Antrieb dient ein Einzylindermotor, der 2 PS leistet und zwei Luftschrauben antreibt, eine vertikal, eine horizontal angeordnet. Da der füllige Buchhändler für das Luftschiff zu schwer ist, muss sich ein schmächtiger Mechaniker bereit erklären, das Gefährt zu steuern. Das vom Daimler-Motor angetriebene Luftschiff fährt, übrigens bei Windstille, vier Kilometer weit, von Cannstatt bis kurz vor Kornwestheim. Ein großer Erfolg.

Doch persönlich wird der Flugpionier Wölfert mit seiner Vision vom Luftschiff-Fahren Jahre später auf tragische Weise scheitern. Zunächst noch erfolgreich führt er am 28. August 1896 stolz sein Luftschiff »Deutschland« bei der Berliner Gewerbeausstellung vor. Das Gefährt wird angetrieben von einem 7-PS-Daimler-Motor. Doch ein Jahr später geschieht das Unglück: Am 12. Juni 1897 fängt das Luftschiff beim Aufstieg auf dem Tempelhofer Feld in Berlin Feuer und explodiert. Wölfert und sein Mechaniker kommen dabei ums Leben.

1888 startet vom Fabrikhof auf dem Cannstatter Seelberg der Mechaniker des Leipziger Buchhändlers Friedrich Hermann Wölfert mit einem motorisierten Luftschiff nach Kornwestheim. Als Antrieb dient der Daimler-Einzylindermotor, der die zwei Luftschrauben antreibt.

Das erste moderne Automobil entsteht in Mannheim

»Als ich mit ihm sprechen wollte, war er schon in der Menschenmenge verschwunden«

Samstag, 30. September 1897: Im Hotel »Bristol« in Berlin wird an diesem Tag der »Mitteleuropäische Motorwagen Verein« aus der Taufe gehoben. Gottlieb Daimler ist bei der Gründung dabei. Aber nicht nur: Auch der Mannheimer Ingenieur Carl Benz sitzt im großen Saal des Hotels. Nach den Reden und Lobgesängen auf das heraufbeschworene automobile Zeitalter knallen die Sektkorken. Die versammelten Herren stoßen auf die Zukunft an. Danach wandeln die meist in feines Tuch gehüllten Männer angeregt plaudernd durchs elegante Foyer. Carl Benz will die Gelegenheit nutzen, um Gottlieb Daimler endlich persönlich kennen zu lernen. Man hat voneinander gehört. Von weitem erkennt Benz den Schwaben in der Menge und will auf ihn zugehen. Doch als er bei ihm anlangt, ist Daimler plötzlich verschwunden.

Carl Benz wird am 25. November 1844 in Mühlburg bei Karlsruhe als Sohn eines Lokomotivführers geboren. Er ist zehn Jahre jünger als Gottlieb Daimler. Nach seinem Maschinenbau-Studium am Karlsruher Polytechnikum arbeitet er zunächst als Schlosser im Lokomotivenbau. In seiner 1871 in Mannheim gegründeten »Mechanischen

Daimlers Mann-
heimer Konkurrent
Carl Benz ahnt wie
dieser, dass die Zu-
kunft des Verbren-
nungsmotors auf
der Straße liegt.

Werkstätte« beschäftigt sich Benz ab 1878 mit dem Gasmotor.

Seine erste Entwicklung ist ein Zweitakter. Zum ersten Mal rund läuft dieser Motor nach zahlreichen Versuchen in der Silvesternacht 1879. Carl Benz beschreibt diesen denkwürdigen Tag recht blumig in seinen Erinnerungen aus dem Jahr 1925: »Wir müssen noch einmal hinaus in die Werkstätte und unser Glück versuchen. In mir lockt etwas und lässt keine Ruhe. Und wieder stehen wir vor dem Motor, wie vor einem großen, schwer enträtselbaren Geheimnis. Mit starken Schlägen pocht das Herz. Ich drehe an: Tät, tät, tät, antwortet die Maschine. In schönem regelmäßigem Rhythmus lösen die Takte der Zukunftsmusik einander ab. Was keine Zauberflöte der Welt zu Wege gebracht hat, das vermag jetzt der Zweitakter. Je länger er singt, desto mehr zaubert er die drückend harten Sorgen vom Herzen. Auf einmal fingen auch die Glocken zu läuten an. Silvesterglocken! Uns war's, als läuteten sie nicht nur ein neues Jahr, sondern eine neue Zeit ein, die vom Motor den neuen Paukenschlag empfangen sollte.«

Um seine Vision vom Fahrzeug ohne Pferde zu verwirklichen, entwickelt Benz dann einen Einzylinder-Viertaktmotor, der eine Drehzahl von 400 Umdrehungen pro Minute erreicht. Er erreicht damit eine geringere Drehzahl als Daimlers Benzinmotor, der 600 Umdrehungen pro Minute schafft, aber immer noch genug, um einen Wagen selbsttätig anzutreiben.

Benz ahnt wie Daimler, dass die Zukunft des Verbrennungsmotors auf der Straße liegt. »Deshalb bemühte auch er sich um die Konstruktion eines Fahrzeugs, das von einem Motor angetrieben wird. Dabei ging er anders vor als

Das erste moderne Automobil entsteht in Mannheim

Daimler. Daimler baute seinen Motor in eine hergebrachte Pferdekutsche ein, Benz in eine Kutsche um den Motor herum. Das war auf längere Sicht das richtigere, zukunftsweisende Konstruktionsprinzip. Es führte von der Motorkutsche zum Auto. Im Vergleich der beiden ersten Motorkutschen miteinander schnitt die Kutsche von Daimler und Maybach zunächst besser ab. Der Motor war leistungsfähiger, das Fahrzeug fuhr schneller und ließ sich besser lenken«, beurteilt der Mainzer Wirtschafts- und Sozialhistoriker Volker Hentschel im Rückblick die beiden Erfindungen.

Am 29. Januar 1886 meldet Carl Benz sein dreirädriges Gefährt beim Kaiserlichen Patentamt zum Patent an und unternimmt in diesem Jahr auch erste Fahrten auf den Straßen von Mannheim. Der Patent-Motorwagen Nummer 1 gilt heute als das erste moderne Automobil der Welt.

In den Folgejahren entwickelt Benz seine Erfindung weiter. Mit dem »Modell 3« unternimmt seine Ehefrau Bertha mit den beiden Söhnen Eugen und Richard im August

Benz baute mit dem Patent-Motorwagen Nummer 1 das erste moderne Automobil der Welt. Die Abbildung illustrierte den ersten zeitgenössischen Bericht – erschienen in der Leipziger »Illustrierten Zeitung« im September 1888 – über eine Fahrt mit dem Benz Patent-Motorwagen Modell 3.

1888 während der Schulferien ihre legendäre Fernfahrt von Mannheim über Wiesloch nach Pforzheim. Der Ausflug ist als »erste Fernfahrt der Welt« in die Automobilgeschichte eingegangen. Der Ehefrau des Erfinders hat es den Ruf der ersten Frau am Steuer eines Autos eingebracht. Schon lange gibt es regelmäßige Gedächtnisfahrten auf der Strecke, eine Bertha-Benz-Memorial-Route ist ausgeschildert.

Doch es liegt bis heute kein historischer Beleg vor, der beweist, dass Bertha Benz tatsächlich selbst das Fahrzeug gelenkt hat. Der damals 83-jährige Sohn Eugen bestätigte bereits 1956 in einem Interview mit dem damaligen Mercedes-Archiv-Chef Friedrich Schildberger, dass seine Mutter gar nicht fahren konnte. Beim Fahren habe er sich mit seinem Bruder abgewechselt.

In Mannheim und Cannstatt werden jedenfalls fortan erfolgreich, aber konkurrierend, die ersten modernen Automobile der Welt gebaut. 26 Jahre nach dem Tod von Gottlieb Daimler fusionieren die Daimler-Motoren-Gesellschaft in Untertürkheim und die Firma Benz & Cie. in Mannheim zur Daimler-Benz AG. Sitz der Gesellschaft ist Berlin, die Zentralverwaltung entsteht in Untertürkheim.

Die Inflation von 1923 hatte die Unternehmen im Kern getroffen. Durch die rasante Geldentwertung fanden die Automobile immer weniger Käufer. Deshalb stellte die Daimler-Motoren-Gesellschaft auch andere Produkte her: Schreibmaschinen und Fahrräder unter dem Markennamen Mercedes. Um ihr Überleben zu sichern, kooperierten auf Druck ihrer Banken (Deutsche Bank und Rheinische Kreditbank) die beiden Unternehmen ab Mai 1924. Dabei blieben beide Firmen unabhängig, teilten den gemeinsam erwirtschafteten Gewinn aber untereinander auf. Am 1. Juni 1926 stimmten schließlich beide Vorstände für die Verschmelzung zur Daimler-Benz AG. Das Markenzeichen des neuen Unternehmens entstand aus den Signets der beiden Partner: aus dem Daimler'schen Dreizackstern und dem Benz'schen Lorbeerkranz.

Im Fusionsvertrag von 1926 war geregelt, dass bei allen Produkten wie auch im Firmennamen der Name »Benz«

Das erste moderne Automobil entsteht in Mannheim

enthalten sein musste und somit als »Mercedes-Benz« angeboten wurde. Bereits 1902 war der Name »Mercedes« als Produktmarke geschützt worden. Der Name »Daimler« findet sich heute nur noch in der Unternehmensbezeichnung, der Name »Benz« nur noch in den Produktnamen.

Als Bertha Benz im Mai 1934 ihren 85. Geburtstag feierte, war auch Paul Daimler unter den Ehrengästen in der Benz-Villa in Ladenburg. Als Geschenk überreichte er ihr einen Strauß mit 85 roten Rosen. Es heißt, die Witwe von

Carl Benz soll Paul Daimler bei diesem Besuch bestätigt haben, dass es nie zu einem Gespräch zwischen den beiden Erfindern gekommen war. Auch im Berliner Hotel »Bristol« nicht, wo die oben beschriebene Szene sich so oder so ähnlich tatsächlich zugetragen hatte. Kein historischer Beleg für ein Zusammentreffen, kein Hinweis darauf, was die Ingenieure voneinander dachten, kein Wettstreit um die Erfindung des modernen Automobils.

Und so bleibt es also bei der fast unglaublichen Geschichte, dass die beiden Wegbereiter der Automobilität, obgleich nicht weit voneinander entfernt, sich niemals kennengelernt hatten.

Werbeanzeige der Interessengemeinschaft der Daimler-Motoren-Gesellschaft und Benz & Cie: Der Lorbeerkranz von Benz und der Daimler-Stern verschmelzen 1926 zum neuen Markenzeichen.

Am Automobil scheiden sich die Geister

»Der leibhaftige Teufel ist auf der Straße«

»Da sind ja gar keine Pferde dran«, sagt die kleine Hedwig staunend, als sie mit ihren sechs Jahren vor der riesigen schwarzen Motordroschke steht. Das Vehikel soll sie und ihre Eltern an diesem Sonntagmorgen im Jahr 1899 nach Welzheim bringen. Jetzt, kurz vor der Abfahrt, gibt dieser Umstand auch ihrem Vater, der bis dahin den Mutigen gespielt hat, mehr und mehr zu denken. (Obgleich der Mann natürlich geradezu darauf brennt, einmal in einem von diesen neuartigen Automobilen mitzufahren.) Kaum sind die drei zögernd in die Motorkutsche des Herrn Medizinalrats geklettert, macht das Gefährt auch schon einen gar nicht so sanften Ruck und rollt mit lautem Geknatter durch die Straßen Stuttgarts. Es wird schon gutgehen, denkt sich der Vater.

D och da sollte er sich täuschen. Das Mädchen, das in dieser kleinen Szene vermutlich mit pochendem Herzen in einem Daimler-Automobil sitzt, ist Hedwig Lohß, geboren 1893. Sie hat Jahrzehnte später in ihren Jugenderinnerungen von ihrer ersten Überlandfahrt mit einem Automobil von Stuttgart nach Welzheim berichtet.

Mit der Kutsche ohne Pferde geht es in die Sommerfrische: In diesem Fall in einem Daimler Schroedter-Wagen mit Kettenantrieb, der von 1892 bis 1895 gebaut wurde.

Zusammen mit Vater und Mutter durfte das junge Mädchen um das Jahr 1899 im Motorwagen eines Stuttgarter Arztes mitfahren, um ihre kranke Großmutter in Welzheim zu besuchen. Der Mediziner war, auch weil er es sich leisten konnte, einer der Ersten in der Stadt, die ein Automobil steuerten. »Die Autodroschke«, erinnerte sich Hedwig Lohß, »sah kein Haar anders aus als eine Pferdekutsche, nur ohne Deichsel. Es pufffte, krachte und knatterte.« Die Nachbarn in der Calwer Straße, so berichtet die Chronistin, seien bei der Abfahrt an jenem Sonntagmorgen staunend an den Fenstern gestanden. »Merkwürdig war das schon, fast wie in einem Märchen: Auf dem Kutscherbock eines Wagens zu sitzen, dahinzufahren und vor sich statt der gewohnten Pferde nichts zu haben, rein gar nichts! Nur leere Luft – und dennoch vom Fleck zu kommen, als würde man gezogen!«

Mit dem schönen Märchen war es freilich bald schon vorbei. Denn je weiter die Automobilisten aufs Land kamen, desto mehr Menschen seien beim Anblick der Motorkutsche zusammengelaufen. »Sie schrien, sie drohten mit den Fäusten, sie warfen mit Steinen und den damals noch reichlich auf den Straßen liegenden Pferdeäpfeln nach uns.« Als »Teufelskarren«, berichtet Hedwig Lohß, sei das Fahrzeug von den erbosten Zuschauern beschimpft worden.

Begleitet von einem Schwarm Buben und Mädchen kamen die Familie und der Arzt nach langer Fahrt zwar schließlich in Welzheim an. Da der Vater aber die Rückreise nach Stuttgart aufgrund der an diesem Tag gemachten Erfahrungen um keinen Preis der Welt erneut mit dem Automobil antreten wollte, sei die Familie am späten Abend in einem Bauernwägele mit »zwei braven Gäulen an der Deichsel« nach Schorndorf gefahren, um dort mit dem letzten Zug zurück nach Stuttgart zu reisen.

Derlei Geschichten, die davon berichten, dass die neue Technologie keineswegs überall Begeisterung auslöste, gibt es

Werbeanzeige für den Daimler Riemenwagen, der von 1895 bis 1899 gebaut wurde. Trotz Werbung finden Motorkutschen nicht überall Anklang. Vor allem auf dem Land werden Automobilisten in ihren Fahrzeugen zuweilen mit Pferdeäpfeln oder Steinen beworfen.

zuhauf. So findet sich im »Schwarzwälder Volksblatt« vom 24. Juni 1936 diese Anekdote, die an eine Probefahrt Gottlieb Daimlers nach Horb im Jahr 1895 erinnerte: »In der kleinen Neckarstadt Horb floss das Leben friedlich und gemächlich dahin. Vor dem Gasthaus ›Drei Könige‹ in der Bildechinger Straße springt Karo, der Hund der Wirtsleute, plötzlich auf. Sein Ohr hatte ein seltsames und gleichmäßig klopfendes und für ihn völlig ungewohntes Geräusch wahrgenommen. Die Tochter der Wirtsleute vom Gasthaus ›Drei Könige‹ tritt neugierig nach der Ursache des Lärms schauend die Gasse hinauf. Oben um die Kurve fährt zischend und in stinkenden Rauch gehüllt ein grausliches Ungetüm auf vier Rädern. Sie wird kalkweiß im Gesicht und lässt ein Tablett mit zwei Viertel vom Meersburger fallen und rennt in die Gaststube: ›Um Gottes willen, Vater, der leibhaftige Teufel ist auf der Straße.‹ Sie kann kaum mehr sprechen, so ist ihr der Schreck in die Glieder gefahren. Der Wirt ist kein ängstlicher Mann. Aber als er das seltsame Gefährt mit einer stinkenden Rauchfahne sieht, wird es auch ihm mulmig. Das Gefährt bewegt sich ohne jede äußere Hilfe. Eine ›Teufelskutsche‹, bemerkt kopfschüttelnd ein älterer Mann. Zwei Männer in gutbürgerlicher Kleidung sitzen auf der Kutsche. Einer von beiden hat einen ehrwürdigen Backenbart. Plötzlich gibt es unter den zahlreichen Neugierigen einen Aufschrei: Die Teufelskutsche ist auf dem holprigen Pflaster umgekippt. Die beiden Fahrer nehmen keinen Schaden. Aber das Fahrzeug ist nicht mehr fahrtüchtig und wird zum Bahnhof geführt, verladen und mit der Bahn nach Stuttgart zurückgeschickt.«

Auch aus Gottlieb Daimlers direktem Umfeld sind Berichte überliefert, die belegen, dass die neue Erfindung von der Bevölkerung zunächst noch häufig belächelt wurde. So berichtet ein unbekannter Schulfreund von Gottlieb Daimlers Sohn Adolf über eine Fahrt mit dem Stahlradwagen von Cannstatt nach Echterdingen im Sommer 1890: »Oft durften wir Adolf in der Taubenheimstraße besuchen. In dem herrlichen Park vertrieben wir uns die Zeit mit Scheibenschießen oder turnten an Reck und Barren. Das Schönste

war aber immer, wenn Adolf von seinem Vater die Erlaubnis erhielt, auf dem von ihm konstruierten Motorwagen eine kleine Fahrt zu machen. Das Fahrzeug war ein vierrädriger Wagen, dessen Fahrgestell in Stahlrohr ausgeführt war. Die Stahlrohre dienten gleichzeitig zur Aufnahme des Kühlwassers für den Motor. Der Motor, ein einzylindriger, etwa 2 PS starker Viertakt-Benzinmotor mit Glührohrzündung war hinten im Wagen eingebaut. In der Regel durften wir nur kleine Fahrten in Cannstatt machen. Aber einmal riskierten wir doch eine große Fahrt nach Echterdingen. Mit einer Stundengeschwindigkeit von etwa 15 km/h fuhren wir über die König- und Tübinger Straße der Neuen Weinsteige zu. Wir wollten die Weissenburgstraße hinauffahren, aber das schaffte der Motor nicht. Selbst als wir zwei Beifahrer abstiegen und Adolf Daimler es allein schaffen wollte. Es blieb nichts anderes übrig als unter den spöttischen Bemerkungen der Zuschauer umzudrehen. Unsere Geschwindigkeit war kaum schneller als die der Fußgänger. Auf der Neuen Weinsteige fing das Kühlwasser an zu kochen. Von Degerloch ging es glatt nach Echterdingen. Am Ortsbrunnen machten wir Halt, um das inzwischen wieder verdunstete Kühlwasser nachzufüllen. Bei den Menschen erregten wir

Hohe Herrschaften im Daimler Riemenwagen: Nur wenige konnten sich die ersten Motorkutschen leisten.

Gut behütet:
Gottlieb Daimler
lässt sich von
seinem Sohn Adolf
durch die Stadt
chauffieren.

großes Aufsehen. Sie machten kritische Bemerkungen über
den ersten Motorwagen, den sie zu Gesicht bekommen hatten. Nach kurzem Aufenthalt fuhren wir zurück nach Cannstatt. Weil es in der Hauptsache bergab ging, brauchten wir
nur einmal Wasser nachzufüllen. Für die 36 Kilometer hatten wir etwa zweieinhalb Stunden Fahrtzeit gebraucht.«

Aufschlussreich ist auch diese Anekdote, die einerseits von
der Furcht mancher Zeitgenossen berichtet, das neuartige
Vehikel selbst zu besteigen, die andererseits aber auch eine
Ahnung davon vermittelt, welche Begeisterung das Auftau-
chen eines Automobils einst verursachen konnte. 1950 erinnerte sich der damals schon greise Oberlehrer Karl Eitle
in den »Stuttgarter Nachrichten« an eine Automobilfahrt
mit Gottlieb Daimler: »Gottlieb Daimler schickte seine Söhne Paul und Adolf in den Ferien immer nach Maulbronn.
Daimlers erste Frau Emma stammte aus Maulbronn. Sie
war die Tochter des Apothekers Kurtz und schon 1889 an
einem Herzleiden gestorben. In Maulbronn lebte aber noch
ihre Schwester, das Fräulein Marie, eine große, schöne und
stattliche Frau. Wegen ihr kam Daimler immer nach Maulbronn. Er hatte ihr auch einen Heiratsantrag gemacht, war

aber abgewiesen worden. Ich war noch ein junger Mann, als Daimler mit seinem ersten Automobil nach Maulbronn kam. Die halbe Bevölkerung drängte sich um den Wagen, verwundert und aufgeregt. Sie sagten: ›Wenn der Wagen ohne Deichsel kommt, geht die Welt unter.‹ Das Fräulein Marie sollte wohl die Erste sein, die auf einer Fahrt neben ihm saß. Aber sie wollte nicht mitfahren. Da wandte sich Daimler an Vater und mich und lud uns zur Mitfahrt ein. Daimler setzte sich neben den Chauffeur. Puffend und knatternd rumpelten wir durchs Klostertor. Die Maulbronner sprangen johlend hinterher. Wir fuhren nach Lienzingen. Aber beim Steinbruch blieb das Automobil stehen. Daimler sagte ruhig: ›Bleibt sitzen‹, und zog sich ein blaues Hemd an. Mit einer Menge Werkzeug kroch er unter den Wagen. Er machte alles ruhig und selbstsicher. Er setzte sich gelassen wieder neben den Chauffeur und der Wagen lief bis Lienzingen. Ohne Halt kehrten wir nach Maulbronn vor das Haus von Fräulein Marie, halb Maulbronn rannte wieder hinter uns her.«

Es war wie immer, wenn in der Geschichte eine neue, das Leben des Einzelnen beeinflussende Technologie auftaucht: Auch beim Thema Automobil fanden sich quer durch alle gesellschaftlichen Schichten so viele Befürworter wie Gegner. Kaiser Wilhelm II. hielt den pferdelosen Wagen zunächst gar für eine »vorübergehende Erscheinung«. Ganz andere Töne waren natürlich vom 1897 gegründeten »Mitteleuropäischen Motorwagen Verein« zu hören. Mit Vorträgen, Ausstellung und der Herausgabe einer Fachzeitschrift warb er für das neue Verkehrsmittel als »Zeichen der neuen Zeit« und als »Symbol des Fortschritts«.

Angefeindet wurde das Auto vor allem auf dem Land. Vordergründig protestierten dort viele Menschen gegen den Gestank, den Staub und die Unfallgefahren, die das Automobil mit sich brachte. Hinter diesen Ressentiments verbargen sich aber nicht selten veritable Existenzängste. Viele bangten ob der automobilen Bedrohung um ihr Auskommen: Schmiede, Wagenbauer, Droschkenkutscher oder Pferdezüchter sahen sich um ihre Lebensgrundlage gebracht.

Die Daimler-Motoren treten ihren Siegeszug an

»Rom ist auch nicht an einem Tage erbaut worden«

»Ich hatte bereits von der Erfindung des schnelllaufenden Gasmotors gehört und mich daher am ersten Morgen voll kühner Hoffnungen auf den Weg gemacht. Die Enttäuschung war daher groß, statt in eine wohleingerichtete Werkstätte in einen Raum geführt zu werden, in dem außer einem Gasmotor nicht viel zu sehen war. Meine erste Arbeit bestand nun darin, dass ich an der Einrichtung der Werkstätte mithalf. Herr Daimler mochte wohl meine Enttäuschung bemerkt haben, denn in väterlichem Tone sagte er zu mir: ›Zu einem ganzen Mann gehört, dass man auch den Besen führen kann.‹ Das war die Art Gottlieb Daimlers, mit der er seine Leute anfeuerte und sie für sich begeisterte. Daimler war vom Gelingen so fest und so sehr durchdrungen, dass er, auch in Stunden vollständigen Misslingens aller Versuche, Mut zusprechen konnte. Und an derartigen Stunden hat es wahrlich nicht gefehlt. Es gab Zeiten, wo es schien, als hätten sich alle Mächte gegen das Gelingen verschworen, wo jeder missmutig wurde und nur einer den Kopf hochhielt: Gottlieb Daimler. ›Rom ist auch nicht an einem Tage erbaut worden‹, pflegte er dann zu sagen.«

Daimler-Arbeiter der »Montirung« 1893 auf dem Seelberg: Wer hier seinen Arbeitsplatz hatte, konnte sich glücklich schätzen.

W er da von den Anfängen der Daimler'schen Motorenproduktion so lebhaft erzählt, ist der Mechaniker Anton Welt, einer von Daimlers Männern der ersten Stunde. Er war im Oktober 1887 von der Maschinenbau-Gesellschaft Karlsruhe nach Cannstatt gekommen.

Zuvor hatte sich Daimler, weil das Gewächshaus zu klein geworden war, um die steigende Nachfrage nach seinen Motoren zu decken, auf die Suche nach einer neuen geeigneten Fabrikationsstätte gemacht, die er im Juli 1887 auch fand: Für 30 200 Mark erwarb er die ehemalige Vernicklungsanstalt Zeitler & Missel am Seelberg unweit des Cannstatter Bahnhofs. Für diese erste Benzinmotoren-Fabrik der Welt mit dem Namen »G. Daimler Cannstatt« stellte er neben Anton Welt 22 weitere von ihm persönlich ausgesuchte Arbeiter ein. Sein Sekretär Karl Linck sollte den kaufmännischen Bereich führen. Wer einen Arbeitsplatz bei Daimler erhielt, konnte sich glücklich schätzen. Mit 4,50 Mark am Tag und einem Jahreslohn von 1760 Mark gehörten Daimlers Arbeiter zu jener Zeit zu den Gutverdienern.

Fast zeitgleich mit der alten Fabrik in Cannstatt kauft Daimler in seiner Geburtsstadt Schorndorf in der Grabenstraße hinter dem Bahnhof Grundstücke und ein großes Haus. Sein Sohn Paul schreibt 1934 dazu in einer Festschrift zu Daimlers 100. Geburtstag, »dass es eine schon früh gehegte Absicht meines Vaters war, die Fabrik in seiner Vaterstadt

Schorndorf zu errichten. Jedoch kam dieser Plan nicht mehr zur Ausführung, denn von der einheimischen Industrie waren Befürchtungen geäußert worden, dass durch den neuartigen Fabrikationszweig die Löhne verdorben würden.«

Um die Auslastung der neu erworbenen Produktionskapazitäten zu gewährleisten, wirft Daimler nach dem Umzug an den Seelberg 1887 die Werbetrommel für seine Motoren und deren Einsatzmöglichkeiten an. Es zeigt sich jedoch bald, dass der Einzylinder-Motor für etliche Einsatzgebiete zu leistungsschwach ist. Maybach entwirft deshalb einen Zweizylinder-Motor auf der Basis der Standuhr. Der neue Motor in V-Form leistet zwei PS bei knapp über 600 Umdrehungen pro Minute und eröffnet damit neue Einsatzmöglichkeiten. Er wird in dem von Maybach 1889 konstruierten Stahlradwagen eingebaut, eine Automobilkonstruktion, die vor allem in Frankreich die Weiterentwicklung des Automobils maßgeblich prägen sollte.

Auf der Weltausstellung in Paris 1889 wird der Stahlradwagen zum ersten Mal der Öffentlichkeit vorgeführt. Auch Carl Benz ist mit seinem Patent-Motorwagen an der Seine vertreten. 32 Millionen Menschen besuchen die Ausstellung, die aus Anlass des hundertjährigen Jubiläums der Französischen Revolution stattfindet. Es wird eine Schau, die aufgrund der Masse neuartiger Technologien im Rückblick epochale Bedeutung gewinnt. Nicht zuletzt für die

Die Wagenmontage der Daimler-Motoren-Gesellschaft. Daimler verlangte viel von seinen Mitarbeitern. Er sorgte aber auch für ein gutes Betriebsklima.

Seine-Metropole selbst: Das Wahrzeichen dieser Weltausstellung ist der binnen zweier Jahre errichtete Eiffelturm – das
berühmteste Ingenieursbauwerk des 19. Jahrhunderts. Und
für die Daimler-Motoren beginnt in Frankreich der Siegeszug um die Welt.

Kontakte ins Nachbarland pflegte Daimler, der dank seiner
Lehrjahre im Elsass gut französisch sprach, bereits seit seiner Zeit in Deutz. Im Frühjahr 1879 hatte die Deutzer Gasmotorenfabrik eine Niederlassung in Paris gegründet, bei
der der Pariser Rechtsanwalt Edouard Sarazin und Daimler
als Aktionäre beteiligt waren. Sarazin hatte die Gasmotorenfabrik auch bei Rechtsstreitigkeiten mit französischen Unternehmen vertreten. Aus dieser Zusammenarbeit, die auch
immer wieder Daimler mit Sarazin in Kontakt gebracht
hatte, entwickelte sich eine Freundschaft zwischen beiden
Männern.

Die Verbindung brach nicht ab. Sarazin erfuhr auch in
Frankreich von Daimlers Erfolgen in Cannstatt und machte
sich auf den Weg an den Neckar. Von den Entwicklungen,
die Daimler und Maybach vorangetrieben hatten, zeigte er
sich begeistert und versprach, den neuen Benzinmotor in
Frankreich einzuführen. Ohne vertragliche Abmachungen
sicherte sich Sarazin die Verwertung aller Erfindungen
Daimlers in Frankreich. In der Bandsägenfabrik Panhard &
Levassor (also just jenem Unternehmen, bei dem Daimler
17 Jahre zuvor in Paris zeitweise angestellt war) fand er
1887 Unternehmer, die sich bereitfanden, in einem zweiten
Fabrikationszweig Daimler-Motoren in Lizenz herzustellen.

Noch im November desselben Jahres starb Sarazin jedoch nach einer schweren Erkrankung im Alter von nur
47 Jahren. Auf seinem Sterbebett soll er seiner Frau Louise
geraten haben, die Geschäftsverbindungen zu Daimler weiterhin zu pflegen: »Seine Sache ist unbedingt vertrauens-
würdig und sie wird eine Zukunft haben, deren Größe wir
uns heute noch nicht vorstellen können.« Die Worte ihres
verstorbenen Mannes überzeugten die Witwe. Um sich die
weitere Zusammenarbeit mit Daimler zu sichern, reiste die

couragierte Frau selbst nach Cannstatt. Auch mit ihr schloss der Erfinder keinen Vertrag. Bei ihrer Rückreise hatte sie aber den neuesten Daimler-Motor und die Konstruktionszeichnungen im Gepäck.

1890 heiratete die Witwe Sarazin Emile Levassor. Gemeinsam mit René Panhard legten sie den Grundstock für die rasch aufstrebende französische Automobilindustrie. Sie bauten nun die Panhard-Levassor-Motoren, Bauart Daimler, in ihre eigenen Automobile ein oder verkauften sie an andere Automobilproduzenten. In den Folgejahren wurde die Firma Peugeot in Frankreich der größte Abnehmer von Daimler-Motoren. Auch bei den ersten Autorennen in Frankreich waren Fahrzeuge mit diesen Motoren erfolgreich.

Eine mutige Frau: Louise Sarazin reist mit einem Daimler-Motor im Gepäck zurück nach Paris.

So fand 1894 auf der Strecke Paris–Rouen die erste große Vergleichsfahrt statt. 21 Wagen unterschiedlichster Bauweise, darunter auch Dampfwagen, waren am Start. Auch Gottlieb Daimler und sein Sohn Paul waren bei diesem Wettbewerb dabei. In seinen Erinnerungen beschrieb Paul Daimler »das einzigartige Schauspiel«. »Die Rennwagen waren in Form, Art und Größe ganz verschieden. Schwere Dampfwagen mit Anhängern konkurrierten mit den leichtesten Dampfdreirädern und diese wiederum mit dem Benzinwagen. Sie machten einen eigenartigen Eindruck auf uns. Man sah auf den schweren Dampfwagen die Heizer, schweißtriefend, von Ruß überzogen, schwer arbeitend beim Aufschütten von Brennmaterial. Man sah die Fahrer der kleinen Dampfdreiräder, dauernd den Druck und Wasserstand in den kleinen, kunstvoll gefügten Röhrenkessel beobachtend und die Ölfeuerung regulierend. Man sah im Gegensatz dazu die Fahrer der Benzin- und Petroleumwagen ruhig auf dem Lenksitz, hie und da einen Hebel betätigend, wie nur rein zum Vergnügen fahrend.«

Vater und Sohn sollen dieses Ereignis mit strahlenden Gesichtern verlassen haben: Die mit Daimler-Motoren ausgerüsteten Fahrzeuge belegten allesamt die ersten Plätze.

Auf diesen Wettbewerb folgte dann bereits ein Jahr darauf das erste offizielle Autorennen der Welt: Paris–Bordeaux–Paris. Und wieder landeten Fahrzeuge mit Daimler-Motoren auf den ersten Plätzen.

Ein Automobil der Marke »Panhard & Levassor« mit einem in Lizenz gefertigten Daimler-Motor und elegantem Sonnendach auf der ersten Automobilwettfahrt zwischen Paris und Rouen im Jahre 1894.

Der Klavierbauer William Steinway eröffnete dem schwäbischen Erfinder den amerikanischen Markt.

Die Entwicklung auf dem nordamerikanischen Markt verlief für Daimler nicht ganz so reibungslos wie in Frankreich. Als Wilhelm Maybach 1876 die Weltausstellung in Philadelphia als Vertreter der Deutzer Gasmotorenfabrik besuchte, traf er in New York auch seinen Bruder. Karl Maybach war zu jener Zeit in leitender Stellung bei der Klavierfabrik Steinway & Sons beschäftigt. William Steinway, geboren als Wilhelm Steinweg in Seesen bei Hannover, war mit seinem Vater und seinen Brüdern um 1850 nach Amerika ausgewandert. Seit 1871 hatte die Firma Steinway & Sons auch in New York eine Vertretung. Über die Vermittlung von Karl lernte auch Wilhelm Maybach William Steinway kennen.

Bei einem Deutschlandaufenthalt 1888 kam Steinway dann mit Gottlieb Daimler und seinen Erfindungen in Kontakt. Und der amerikanische Klavierbauer versprach, den Deutschen bei seinem Markteintritt in die Vereinigten Staaten zu unterstützen. Mit einem Kapital von 10 000 Dollar gründeten beide in Long Island, New York, die Daimler Motor Company. Daimler brachte seine Patente für Amerika und Kanada ein. Nach der Gründung im September 1888 wurden dann vor allem Gas- und Benzinmotoren als stationäre oder Schiffsmotoren hergestellt und vertrieben. Ab 1891 produzierte das Unternehmen in Hartford, Connecticut, die ersten betriebsfähigen Fahrzeugmotoren Amerikas. Das erste moderne Automobil wurde dem amerikanischen

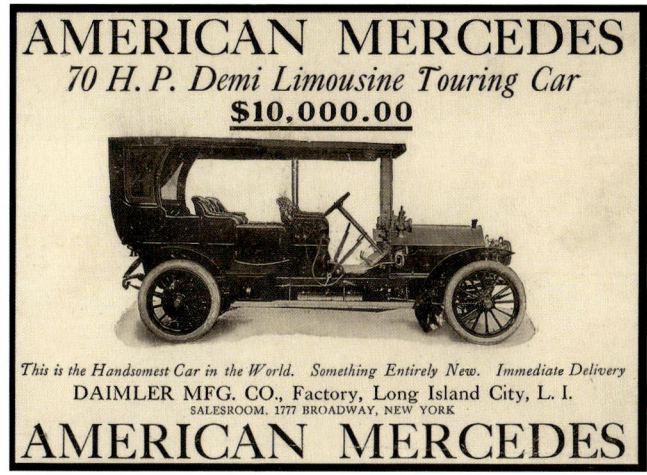

AMERICAN MERCEDES
70 H. P. Demi Limousine Touring Car
$10.000.00

This is the Handsomest Car in the World. Something Entirely New. Immediate Delivery
DAIMLER MFG. CO., Factory, Long Island City, L. I.
SALESROOM, 1777 BROADWAY, NEW YORK
AMERICAN MERCEDES

Die Daimler Manufacturing Company produzierte unter dem Namen »The American Mercedes« eigene Fahrzeuge.

Publikum auf der Weltausstellung in Chicago 1893 gezeigt: Es war der Daimler-Stahlradwagen.

Im Vergleich zu Europa verlief »im Land der unbegrenzten Möglichkeiten« die Motorisierung der Wagen vorerst schleppend. In einem Interview sah sich Steinway deshalb veranlasst, auf den Rückstand Amerikas hinzuweisen: »In Paris kann man pferdelose Wagen in großer Zahl auf den Boulevards sehen und in London sind sie ebenfalls nichts Ungewöhnliches. Ich erwarte jedoch, daß, sobald die Amerikaner einmal begonnen haben, sie zu benutzen, wir sie hier in Mengen sehen werden, da sie so viel preiswerter als Pferde sind und leicht gehandhabt werden können.«

Doch Steinway selbst konnte die Entwicklung in Amerika nicht mehr beeinflussen: Im November 1896 starb er unerwartet. Die Erben verkauften daraufhin die Anteile an der Daimler Motor Company, die daraufhin abgewickelt wurde.

Dennoch ging es in Amerika weiter: Die Daimler Motor Company war zwar gescheitert, doch schon kurze Zeit später wurde unter Beteiligung der General Electric Co. im August 1898 die Daimler Manufacturing Company, Long Island, gegründet. Sie übernahm knapp zwei Jahre nach Steinways Tod die Geschäftstätigkeit der Daimler Motor Company. 1905 begann die Gesellschaft mit der Produktion eines eigenen Automobils mit dem Namen »The American Mercedes«. Von diesem Fahrzeug wurden etwa 70 bis 100 Exemplare hergestellt.

Cannstatt, im Deze[mber]

Memorandum

für den

Aufsichtsrath der Daimler-Motoren-Gesellscha[ft]
in Cannstatt.

Gründe der Differenz zwischen mir und den andern Herren [der] [M]otoren-Gesellschaft näher darzulegen, stelle ich dem Gründungs=[...] [N]ovember 1890 meine Auffassung gegenüber wie folgt:

	Meine Leistung ℳ	Dafür empfing ich ℳ	Leistung der 3 neuen Theil= haber an mich ℳ
[...]g meines Fabrit= [...]al und Gebäude) [...]ier, nach fach= [...] Einschätzung	68200,	—	—
[...]ner Fabrit= [...] und Vor= . . .	123191.	—	—
Bean= Forde=			

Schwere Zeiten

»Das, was ich seit Jahren geschaffen habe, haben sie mir vom Leib gerissen«

Juli 1889. Die Hitze des Sommers hat sich wie Blei über die Stadt gelegt. Auf den Wegen im Kurpark bewegen sich die Passanten schwerfällig, als ob sie über weiches Wachs gingen. Dazwischen sitzen auf Parkbänken verstreut Kurgäste und suchen Abkühlung unter den hohen Bäumen. Auch drüben, in der Taubenheimstraße 13, ist es seltsam still. Der große Garten der »Villa Daimler« ist seit Tagen unbelebt, nur manchmal sieht man den Gärtner der Familie mit einer Gießkanne in der Hand durch das Grün streifen. Die Besucher, die in diesen Tagen kommen, um die kranke Emma Daimler zu besuchen, beachten den Mann kaum. Und wenn sie das Anwesen wieder verlassen, haben sich deren Mienen noch weiter verdunkelt.

Emma Daimler kann ihr Bett nicht mehr verlassen. In den vergangenen Wochen hat sich der Gesundheitszustand der 46-Jährigen rapide verschlechtert. Es ist das Herz, und der Arzt, der zweimal am Tag zur Visite erscheint, macht der Familie keine Hoffnung. Man müsse mit dem Schlimmsten rechnen.

Für Gottlieb Daimler beginnen ab 1889 schwere Zeiten, privat und als Geschäftsmann. Am 28. Juli 1889 stirbt seine

Frau Emma nach langem Herzleiden. Zum privaten Unglück kommt hinzu, dass sein Unternehmen aufgrund der gewaltigen Investitionen der vergangenen Jahre vor großen finanziellen Herausforderungen steht.

Daimler ist gezwungen, Finanziers zu finden, und wird schließlich im Rottweiler Pulverfabrikanten und geheimen Kommerzienrat Max von Duttenhofer fündig. Der Erfinder des rauchfreien Schießpulvers, das weltweit ein Verkaufsschlager ist und beeindruckende Gewinne einfährt, bietet Daimler an, die Firma auf eine solidere wirtschaftliche Grundlage zu stellen. Auch Wilhelm Lorenz, Geschäftsfreund Duttenhofers und Vorstand einer Patronenfabrik in Karlsruhe, zeigt sich bereit, das Kapital durch eine Beteiligung aufzustocken.

Der reiche Pulverfabrikant Max von Duttenhofer aus Rottweil hilft und bringt Daimler dennoch in schwere Bedrängnis.

Doch Daimler zögert lange, ist misstrauisch. Er ist bestrebt, seine Interessen im Unternehmen so gut wie möglich zu wahren. Doch Duttenhofer und Lorenz drängen ihn zu einer raschen Entscheidung. Sie drohen sogar, die Verhandlungen abzubrechen, wenn er den Vertrag nicht rasch unterschreibe.

Nach einem Vorvertrag, der Daimlers Erfindungen in der neuen Gesellschaft absichern soll, wird im November 1890 die »Daimler-Motoren-Gesellschaft« (DMG) gegründet. Daimler hält, wie Duttenhofer und Lorenz, 200 Aktien, die ein Drittel des Grundkapitals von insgesamt 600 000 Mark repräsentieren. Duttenhofer und Lorenz bringen für ihre Aktien Kapital ein, Daimler die Maschinen und Fabrikationsanlagen und seine Erfindungen und Patente.

Faktisch entmachten aber die neuen Partner mit dem Gesellschaftervertrag Daimler im eigenen Unternehmen. In Paragraph 3 des »Syndikatsvertrages« ist geregelt, dass, obgleich Duttenhofer nur beratend an der Geschäftsführung beteiligt ist, »kein Geschäft ohne seine ausdrückliche Zustimmung vorgenommen werden darf«. Nicht Daimler, sondern Duttenhofer ist es also fortan, der bei wichtigen Entscheidungen das letzte Wort hat. Daimler, der Verträge am liebsten mit Handschlag besiegelt, fühlt sich über den Tisch gezogen.

Seine Enttäuschung bringt er in einem Tagebucheintrag zum Ausdruck: »Im Vertrauen auf die guten Versprechungen der Freunde habe ich unterschrieben und ihnen die Macht gelassen. Jetzt sehe ich, dass ich getäuscht bin.« Der Ingenieur Daimler hat sich als Geschäftsmann als allzu gutgläubig erwiesen.

Und so kommt es bald zum Zerwürfnis: Duttenhofer und Daimler sind sich über die Geschäftspolitik nicht einig. Während Duttenhofer in der Herstellung stationärer und langsam laufender Motoren für Gewerbetreibende große Chancen sieht, setzt Daimler vor allem auf leichte und schnelllaufende Motoren für den universellen Einsatz. In einem Tagebucheintrag schreibt sich Daimler seinen Frust von der Seele: »Sie, D. [gemeint ist wohl Duttenhofer], werden nie nach meiner Pfeife tanzen. Ich tanze niemals nach der Ihrigen. Schämen Sie sich, mich um mein Eigenthum gebracht zu haben.«

Enttäuscht ist Daimler auch, dass die im Vertrag zugesicherte Berufung von Maybach und Linck in den Vorstand nicht eingehalten wird. Verärgert verlassen beide bereits im Februar 1891 die Gesellschaft – und mit Maybach damit der technisch fähigste Mann. Sein Nachfolger versteht von Verbrennungsmotoren nur wenig.

Daimler bringt in die neue Aktiengesellschaft Maschinen, Fabrikationsanlagen und seine Erfindungen ein.

Cannstatt, im Dezember 1890.

Memorandum

für den

Aufsichtsrath der Daimler-Motoren-Gesellschaft in Cannstatt.

Um die Gründe der Differenz zwischen mir und den andern Herren der Daimler-Motoren-Gesellschaft näher darzulegen, stelle ich dem Gründungsbericht vom 28. November 1890 meine Auffassung gegenüber wie folgt:

	Meine Leistung	Dafür empfing ich	Leistung der 3 neuen Theilhaber an mich
	ℳ	ℳ	ℳ
a) Durch Ueberlassung meines Fabrik-Grundstückes (Areal und Gebäude) auf dem Seelberg hier, nach fachmännischer besonderer Einschätzung	68200.	—	—
b) Durch Ueberlassung meiner Fabrik-Einrichtung, Maschinen und Vorräthe laut Inventar	123191.	—	—
c) Durch Ueberlassung, resp. Beanspruchung meiner liquiden Forderungen für Verkauf			
a. meiner amer. Patente Doll. 6600	27700.	—	—
b. meiner franz. Patente Frs. 10000	8000.	—	—
Sofort realisirbare Werthe ℳ	227091.	200000. in Aktien der	—

neuen Gesellschaft und außer der Uebernahme eines Conto-Corrent-Creditoren-Saldos von ca. ℳ. 10,000 weiter Nichts.

Nach dem Vorausgange meiner Einlage der vorstehend bezeichneten Realwerthe von Mk. 227091. — in die Gesellschaft, wofür ich, wie bes-

Die Daimler-Motoren-Gesellschaft gerät zunehmend in schwieriges Fahrwasser. Die bereits im Gründungsjahr auf 163 Mitarbeiter vergrößerte Belegschaft ist für den Maschinenbau nicht ausreichend qualifiziert. So sinkt die Produktivität, während gleichzeitig die Reklamationen der Kunden zunehmen.

Daimler leidet sehr darunter, dass die Firma ihr Potenzial nicht in die Entwicklung des leichten Motors investiert, sondern sich mit anderen Produkten verzettelt. Die Verluste im dritten Geschäftsjahr fressen die Gewinne der ersten beiden Jahre völlig auf.

Daimler wirft die Flinte aber nicht ins Korn. Bereits 1891 schließt er einen geheimen Vertrag mit Maybach ab, um den Motor in seinem Sinne weiterzuentwickeln. Die Forschungsarbeiten für einen neuen Motor finden zunächst in Maybachs Wohnung statt. Als Produktionsstätte mietet Daimler den stillgelegten Gartensaal des früheren Hotels »Hermann« in Cannstatt. Mit zwölf Arbeitern und fünf Lehrlingen stürzt sich Maybach in neue Aufgaben. In jener Zeit entstehen ein Spritzdüsenvergaser und ein neues Kühlsystem. Aus Gründen der Tarnung laufen die Patente auf den

Namen »Maybach«. Seine bedeutendste Schöpfung aus dieser Zeit ist der »Phönix«: ein Motor, dessen Zylinder stehend nebeneinander angeordnet und in einen Block gegossen sind. Er wird später zum Rückgrat der Daimler-Motoren-Gesellschaft.

Gleichzeitig wird die Position Daimlers in seiner eigenen Firma immer prekärer. Im März 1893 verliert er durch Stimmenmehrheit seine Stellung als technischer Leiter und bleibt nur noch Aktionär und Mitglied im Aufsichtsrat.

Der Abstieg der Daimler-Motoren-Gesellschaft ist indessen weder durch Personalabbau noch durch eine Verlagerung des Konstruktionsbüros in die Patronenfabrik von Lorenz nach Karlsruhe zu bremsen.

In dieser Situation beschaffen Duttenhofer und Lorenz einen Kredit über 385 000 Mark. Daimler weiß davon nichts. Als die Bank die Rückzahlung fordert, drohen sie Daimler mit dem Konkurs. In diesem Fall würden sie aus der Konkursmasse alle Aktien erwerben. Als Alternative bieten sie Daimler an, sich mit 66 666,66 Reichsmark abfinden zu lassen. Um nicht seinen guten Ruf zu verlieren, stimmt er zu. Am 10. Oktober 1894 verlässt er die Daimler-Motoren-Gesellschaft.

Gottlieb Daimler schäumt vor Wut. Er sieht sich um sein Lebenswerk betrogen. Im Januar 1895 schreibt er an seinen Freund Solveen: »Das, was ich seit Jahren geschaffen habe, haben sie mir vom Leib gerissen. Das sind die richtigen Züchter der Sozialdemokraten, denn ich sehe auch ein, daß wenn die Oberen und Großen sich so benehmen und ihre Herrschaft und Habgier so weit treiben, daß sie den ehrlichen um seine Sache Arbeitenden und Nützliches schaffenden Menschen um sein Alles bringen können, solches Raubgesindel vernichtet gehört wie die Wölfe.«

Starke Worte eines bis ins Mark gekränkten Mannes.

Gottlieb Daimler sieht sich durch Duttenhofer und Lorenz um sein Lebenswerk betrogen. Es geht ihm nicht gut.

Ein zweiter Frühling mit Lina

»Mir kommt das alles wie im Traum vor«

Gottlieb Daimler ist in diesem Sommer 1893 so glücklich wie seit Jahren nicht mehr. Daran ändern auch die Sorgen nichts, die ihm seine Geschäftspartner fortwährend bereiten. Selbst seine angeschlagene Gesundheit hat er für den Moment vergessen. Das erste Mal seit langer Zeit findet er sogar Muße, sich an Sonntagen im Garten seines Hauses zu ergehen, ein wenig die Hecken zu schneiden und sich gemeinsam mit Lina, seiner künftigen Frau, an den Blumen in den Beeten zu erfreuen. Wie lange ist es schon her, dass es nicht die Arbeit ist, die im Mittelpunkt seines Lebens steht?

Dabei hatte das Jahr schlecht für Daimler begonnen: Die anhaltenden Auseinandersetzungen im Unternehmen blieben nicht ohne Auswirkungen auf den Gesundheitszustand des 59-Jährigen. Psychisch und physisch schwer angeschlagen, reiste er deshalb im Frühjahr 1893 auf Anraten seines Arztes zum Kururlaub nach Italien. Dort, in Florenz, erholte er sich aber nicht nur, sondern fand, womit er vermutlich nicht mehr gerechnet hatte, auch sein neues privates Glück. Ihr Name: Lina Hartmann, geborene Schwend.

Neues Glück mit seiner zweiten Frau Lina: Sie heiraten am 8. Juli 1893 in Schwäbisch Hall.

Die Witwe eines Florentiner Hoteliers und Mutter einer Tochter hatte er bereits Jahre zuvor bei einem Freund in Cannstatt kennen gelernt. Offensichtlich angetan von der sprachgewandten, über zwanzig Jahre jüngeren Frau, blieb er mit ihr nach seinem Italienaufenthalt in stetigem Briefkontakt. Das Resultat dieser Liaison: Schon am 8. Juli 1893 heiratete das Paar. Die Trauung fand in Hall, Lina Hartmanns Heimatstadt, statt. Die Gäste lud man ins Hotel »Lamm-Post«, dem ersten Haus am Platz. Sogar die Speisenfolge des Hochzeitsmahles ist überliefert: Krebssuppe, Lendenbraten, Rehfilet, zum Dessert gab es eine Haselnuss-Bombe.

Lina Daimler ist in Hall (heute Schwäbisch Hall) geboren und aufgewachsen. Sie stammt aus einer alten Haller Familie. Ihr Vater, Christoph Schwend, enger Weggefährte von August Bebel, war langjähriger Gemeinderat und Mitbegründer des Ortsvereins der Sozialdemokraten in der Salzsiederstadt. »Von ihm, meinem guten Vater, habe ich den Rechtlichkeitssinn übernommen«, schreibt Lina Daimler in ihr Tagebuch.

Wenige Tage nach der Hochzeit brechen die beiden zu ihrer fast fünf Monate dauernden Hochzeitsreise durch Amerika auf. Einer der wichtigsten Programmpunkte dieser Reise – Daimler denkt natürlich auch auf der Hochzeitsreise ans Geschäftliche – ist der Besuch der Weltausstellung in Chicago, wo Daimler seinen vielbeachteten Stahlradwagen, aber auch Bootskonstruktionen, Motoren und eine Miniatur-Trambahn präsentieren und Geschäftskontakte knüpfen will.

Die Brautleute führen mehrere große Koffer mit sich, gefüllt mit eleganter Kleidung für die Diners an Bord der »Fürst Bismarck«. Von Cuxhaven aus geht es mit Passagierdampfer über den Atlantik zunächst nach New York. Während der gesamten Reise führt Lina Daimler ein ausführliches Tagebuch. Das frischverliebte Paar lässt es sich offensichtlich gutgehen bei »wundervollem Essen und Champagner Marke ›Schnelldampfer‹ – in Räumen voll des größten Luxus, wie es nur bei König Ludwig von Bayern sein kann.«

»Mir kommt das alles wie im Traum vor und Gottlieb ist so gut mit mir«, schwelgt Lina, die ihren Ehemann »meinen

New York, 14th Avenue 1893: Von Automobilen noch keine Spur. Als Daimler und seine Frau in New York eintreffen, werden die Straßenbahnen noch von Pferden gezogen.

Alten« nennt. Ihrer Privilegien bewusst, nimmt sie aber auch Anteil am Schicksal derjenigen Menschen, die unter völlig anderen Bedingungen auf dem Schiff auf eine bessere Zukunft in Amerika hoffen. »Man kann ihnen die Sorge auf dem Gesicht ablesen, im Stillen bitte ich, ein gütiges Geschick möge sie führen, wie es sie verdienen.«

Am Morgen des 21. Juli steuert die »Fürst Bismarck« in den Hafen von New York. »Großartig hebt sich die Freiheitsstatue, immer schöner wird der Anblick von New York, die riesige Brücke von Brooklyn [...].«

Gleich am nächsten Tag werden die Daimlers von William Steinway empfangen und besichtigen in Long Island dessen Fabrik. Elf Tage bleibt das Paar in New York. Am 1. August reisen sie zur Weltausstellung nach Chicago weiter. Während Lina Daimler durch die fulminanten Ausstellungshallen schlendert und einige Mitbringsel wie Seidentücher, Muscheln und Seesterne erwirbt, knüpft Daimler am Stand der Daimler-Motoren-Gesellschaft in der Maschinenhalle Kontakte zur Geschäftswelt und stattet amerikanischen Industriellen Besuche ab.

Im Oktober reist das Ehepaar mit dem Zug nach New York zurück. Am 18. Oktober machen sie eine Ausfahrt mit dem Motorwagen – am Steuer sitzt ein Chauffeur. Schauplatz des Ereignisses ist Long Island. »Im Sand lief er schwer, bald aber immer besser und sicherer«, schreibt Lina Daimler, überwältigt von diesem Erlebnis, in ihr Tagebuch. Zwischendurch stottert das »Gespann ohne Pferd«. Sie müssen an Hydranten »Wasser fassen«, der Kühlung wegen. »Wir fuhren nun zum ersten Mal die Hauptstraße entlang, immer schneller, 22 km/h sind kein Problem. Wir rauschen förmlich an einer Schule vorbei. Viele Kinder laufen schreiend und lachend hinter uns her, mein Schatz freut sich sehr. Es ist eine Fahrt des Staunens, vor allem der Passanten.« Eine Auswanderin ruft den Insassen zu, ein solches Ding habe sie schon mal in Paris gesehen. Am 10. November kehren Lina und Gottlieb Daimler von ihrer Reise zurück. An jenem Abend steuert die »Fürst Bismarck« den Hafen von Cuxhaven an.

NOT TRANSFERABLE

N?

THIS PASS GOOD ONLY FOR ONE DAILY ADMISSION;
HOLDER WILL OBTAIN PASS CHECK ON LEAVING
THE GROUNDS, TO RETURN.

AMERICAN BANK NOTE CO. N.Y.

Mit diesem Besucherausweis besucht Daimler die Weltausstellung in Chicago.

Im Alter von 60 und 63 Jahren wird Gottlieb Daimler noch einmal Vater. Im September 1894 kommt Sohn Gottlieb zur Welt. An seine Töchter Martha und Emma, die zu dieser Zeit in einem Mädchenpensionat in Königsfeld im Schwarzwald sind, schreibt er: »Gestern hat der Storch uns ein kleines munteres Büblein gebracht.« Drei Jahre später, am 18. April 1897, wird Tochter Emilie geboren.

Daimlers Kinder aus erster Ehe, vor allem Paul und
Adolf, die zunächst gegen die neue Frau an der Seite ihres Vaters waren, versöhnen sich mit ihrer Stiefmutter. Sie
kümmert sich um die gesamte Familie, umsorgt Gottlieb
Daimler am Krankenbett. Lina Daimler pflegt guten Kontakt
zur Stuttgarter Gesellschaft, empfängt gerne Gäste aus dem
In- und Ausland in der Cannstatter Villa. Sie begleitet ihren
Ehemann auch bei seinen Besuchen in seiner alten Heimatstadt: »Gestern sind wir nach Schorndorf gefahren, alles ist
wunderbar glatt gegangen und wir haben zur Hinfahrt nur
zweieinhalb Stunden gebraucht«, erzählte sie ihrem Damen-
kränzchen.

Die Fahrt nach Schorndorf ist bezeichnend für das Verhältnis von Daimler zu seiner Geburtsstadt. Zeitlebens fühlt er sich der Stadt im Remstal verbunden. Bis zu seinem Tod wird er das Schorndorfer Bürgerrecht beibehalten. In einem »Verzeichnis der außerhalb des Gemeindebezirks wohnenden Gemeindebürger« ist unter der laufenden Nummer vier »Gottlieb Daimler, Ingenieur und Privatier« aufgeführt. An einer Wand seines Hauses lässt er sogar ein Gemälde von der Belagerung und Beschießung Schorndorfs 1634 anbringen. Unter dem Bild steht der Vers: »Was Arbeit und Fleiß geschafft im Land herbei, zerstört rohe Gewalt des Pulver und des Blei.«

Gerne fährt Daimler mit seinen Automobilen nach Schorndorf und lädt seine alten Freunde auf kleine Spritztouren ein. In der Unteren Hauptstraße am Gasthof »Engel« macht er stets Halt. Dort treffen sich die Honoratioren der Stadt in einem Nebenzimmer, ihrem »Stüble«, wie sie den Treffpunkt nennen.

Doch das private Glück war auch in jenen Tagen nicht ungetrübt: Am 6. März 1896 starb Daimlers jüngster Sohn aus erster Ehe, das »Wilhelmle«.

Neue Hoffnung, neue Enttäuschung

»Es war ein frohes Fest, das da mit allen Mitarbeitern gefeiert wurde«

An einem Oktoberabend des Jahres 1895 ist im Hause Daimler ein elegant gekleideter Engländer zu Gast. Lina Daimler lässt schwäbische Spezialitäten servieren. Die beiden Herren sind gut gelaunt und prosten sich mit Daimlers Lieblingsweinen aus dem Remstal zu. Das Geschäftliche ist unter Dach und Fach, nun folgt der angenehme Teil des Abends. Die Vereinbarung, die Daimler an diesem Tag mit seinem langjährigen Geschäftsfreund Frederick Simms getroffen hat, ist wahrhaftig ein Grund die Gläser zu erheben. Daimler ist jetzt wieder zuversichtlich, dass sich für ihn und Maybach doch noch alles zum Guten wendet.

Ohne Gottlieb Daimler liefert die Daimler-Motoren-Gesellschaft 1895 nur noch wenige Fahrzeuge aus. In dieser Situation ergreift der Engländer Frederick Simms die Initiative. Auf der britischen Insel war kurz zuvor der »schienenlose Transport« durch ein Gesetz geregelt worden, die Höchstgeschwindigkeit jedes auf der Straße fahrenden Fahrzeugs auf vier englische Meilen beschränkt. Zusätzlich, so sehen die englischen Vorschriften vor, soll ein Mann mit einer roten Flagge vor den motorbetriebenen

Die Familie Daimler vor ihrer Villa in Cannstatt, 1897 oder 1898: In der Bildmitte rechts neben Gottlieb Daimler steht der Engländer Frederick Simms. Hinter Gottlieb Daimler Lina Daimler mit Emilie auf dem Arm. Vorne rechts Adolf Daimler mit Gottlieb Daimler junior. Außerdem sind noch Hausangestellte zu sehen.

Fahrzeugen herlaufen, um die Menschen vor der drohenden Gefahr zu warnen. Faktisch bleibt auf diese Weise die Beförderung von Gütern und Personen in England auf die Eisenbahn, die Binnenschifffahrt und das Pferdefuhrwerk beschränkt. Die Folge ist, dass die Briten gegenüber Deutschland und Frankreich bei der Motorisierung des Straßenverkehrs am Ende des 19. Jahrhunderts zunehmend in Rückstand geraten.

Frederick Simms ist Sprecher einer Gruppe von Engländern, die das ändern wollen. Dabei machen sie sich keine Illusionen darüber, dass der Vorsprung des europäischen Festlandes durch eigene Entwicklungen aufzuholen sein könnte. Die Gruppe um Simms sieht nur eine Lösung: die Patente der Daimler-Motoren für den englischen Markt zu erwerben. (Das ist der Grund, weshalb bis heute in England Autos der Marke »Jaguar« mit dem Serien-Namen »Daimler« gebaut werden dürfen.)

Simms, teilweise in Deutschland aufgewachsen, hatte Daimler bereits 1889 bei einer Gewerbeausstellung in Bremen kennen und schätzen gelernt. Daraus entwickelte sich eine Freundschaft.

Für die Lizenzrechte bietet er der Daimler-Motoren-Gesellschaft die enorme Summe von 350 000 Mark an. Für das ins Trudeln geratene Unternehmen ist das die Rettung. Simms knüpft den Kauf aber an eine Bedingung: dass Daimler, Maybach und Linck wieder ihre alten Rechte und führenden Positionen im Unternehmen zurückerhalten.

Die Geschäftsführer der Daimler-Motoren-Gesellschaft willigen zähneknirschend ein. Am 1. November 1895 kommt es zum Wiedervereinigungsvertrag zwischen Daimler und Duttenhofer. Gottlieb Daimler wird zum sachverständigen Beirat und Generalinspekteur der Gesellschaft ernannt, Maybach zum technischen Direktor berufen.

Die Daimler-Motoren-Gesellschaft gewinnt dank der nun von Daimler und Maybach energisch vorangetriebenen Verbesserungen und Neukonstruktionen schnell wieder an Boden. In Amerika, Österreich und England entstehen eigene Niederlassungen. Daimler kümmert sich auf allen Ebenen um das Wohlergehen der Firma. Und das ist ganz wörtlich zu verstehen: »Es kam auch vor, dass er ein Fabrikfahrzeug, das ihm auf der Straße begegnete, anhielt und sich auf einer kurzen Strecke über die Fahrtechnik des Fahrers unterrichtete«, schreibt sein Mitarbeiter Anton Welt.

Zu dieser Zeit sind Daimlers Söhne Paul und Adolf im väterlichen Betrieb wohl schon als Maschinenbauingenieure mit abgeschlossenem Studium tätig. Sie hatten sich bereits früh als tüchtige und geschickte Helfer ihres Vaters erwiesen. Sowohl Paul als auch Adolf werden nach dem Tod von Gottlieb Daimler führende Positionen in der Daimler-Motoren-Gesellschaft einnehmen.

Die Söhne Paul (Bild unten) und Adolf Daimler sind als Maschinen-bauingenieure im väterlichen Betrieb tätig und nehmen nach dem Tod des Vaters dort führende Positionen ein.

Bereits am 21. Dezember 1895 wird im Cannstatter Kursaal die Auslieferung des tausendsten Motors gefeiert. »Herr Daimler ließ es sich nicht nehmen, aus diesem Anlass mit allen seinen Mitarbeitern zusammenzukommen. Es war ein frohes Fest, das da mit allen Mitarbeitern gefeiert wurde. Und auch das ›Gemisch‹ war, wie es sich für Autofachleute geziemte, von bester Art und Güte«, notiert Anton Welt.

Daimler war überhaupt ein geselliger Mann: Nach getaner Arbeit saß er gern mit seinem alten Stamm bei einem gemütlichen Schoppen zusammen. Neben guter Kost

bevorzugte er den Remstäler Wein. »Wundervoll ist Bacchus' Gabe, Balsam fürs zerrissene Herz«, war sein Trinkspruch. An eine seiner Töchter, die beide ein Internat in Königsfeld im Schwarzwald besuchten, schrieb er augenzwinkernd: »Trink nur recht viel Milch. Dein Vater macht es auch so und liebt besonders die Milch des Alters, genannt Wein.«

In seinem Turm, seinem »Tusculum«, den er sich 1894 als Aussichtsturm im Park seines Wohnhauses in Cannstatt errichten ließ, befand sich angeblich ein stattlicher Weinkeller. An diesen Ort, mit herrlichem Ausblick über das Neckartal,

Erschöpft von der Arbeit, zieht sich Daimler oft in seinen Turm zurück.

zog er sich oft von der Arbeit erschöpft zurück. In den aufregenden Jahren in Cannstatt musste die Familie ihn oft entbehren. Daimler, dem seine Kinder später attestierten, ein aufmerksamer Vater gewesen zu sein, erzählt in der wenigen Zeit, die er mit seiner Familie verbringt, häufig von seinen Reisen. Von Ländern und Menschen, die er im Laufe seines spannenden Lebens kennen gelernt hatte. Und er sang wohl gerne schwäbische Volkslieder. Während seiner Zeit in Deutz gehörte er dem Männergesangverein Köln an.

Das Singen wird Daimler jedoch bald wieder vergällt. Es dauert nicht lange, bis es mit den Partnern Duttenhofer und Lorenz erneut zu Unstimmigkeiten kommt. Im Vertrag zur Gründung der Daimler-Motoren-Gesellschaft von 1890 war ein Konkurrenzausschluss vereinbart worden. Danach sind außerhalb der Daimler-Motoren-Gesellschaft keine konkurrierenden Geschäfte erlaubt. In der neuen Vereinbarung von 1897 heben Duttenhofer und Lorenz diese Klausel jedoch auf, um ihre Expansionsziele voranzutreiben. Wieder hat sich Daimler als zu gutgläubig erwiesen. Bereits im Sommer 1897 gründen Duttenhofer und Lorenz zusammen mit

Motorfahrzeug und Motorenfabrik Berlin

Actien-Gesellschaft

Marienfelde b. Berlin.

Abtheilung: **Daimler-Motor-Fahrzeuge.**

anderen Geldgebern in Berlin-Marienfelde die »Allgemeine Motorwagengesellschaft mbH«. Gottlieb Daimler und Wilhelm Maybach protestieren zwar gegen die Gründung, allerdings vergebens. Die neue Gesellschaft nimmt auf einem riesigen Fabrikgelände und mit einem Aktienkapital von zwei Millionen Mark die Produktion von Automobilen auf.

Von Marienfelde aus werden bald Automobile in mäßiger Ausführung als ›Daimler Wagen‹ ausgeliefert. Den Fahrzeugen aus Cannstatt können sie qualitativ nicht das Wasser reichen. Für Daimler ist das gleichwohl ein unerträglicher Zustand.

Die Daimler-Motoren-Gesellschaft kann unterdessen im Geschäftsjahr 1898/99 keine Dividenden ausschütten, da der vereinbarte Mindestgewinn nicht erreicht wird. Für Lorenz und Duttenhofer stellt das kaum ein Problem dar – sie haben reichlich Erlöse aus anderen Unternehmen –, wohl aber für Daimler. Duttenhofer und Lorenz verlangen von ihm daraufhin eine gemeinsame Haftung für einen Kredit von 700 000 Mark. Das kann Daimler nicht leisten. Ziel der Mitgesellschafter ist erneut, den Ingenieur aus dem Unternehmen zu drängen.

Zum Ärger von Gottlieb Daimler gründen seine Kompagnons Duttenhofer und Lorenz 1897 in Berlin-Marienfelde ein Konkurrenzunternehmen.

Vom Lastkraftwagen bis zum Zeppelin

»Der ›Daimler‹ ist ein gutes Tier«

Am Seelberg ist es spät geworden. Die Arbeiter sind schon längst im Feierabend. Daimler und Maybach beugen sich bei spärlicher Beleuchtung, aber noch immer im Konstruktionsbüro über die Zeichnung eines neuen Fahrzeugs. Der Ältere denkt lange nach, wägt ab, macht Vorschläge und verwirft sie wieder. Maybach wird langsam ungeduldig. Er drängt auf eine Entscheidung: Soll der Motor wie bisher in das Heck oder in den Frontbereich des Fahrzeugs eingebaut werden? Daimler runzelt die Stirn, er wiegt seinen Kopf hin und her, bläst kurz die Backen auf und sagt augenzwinkernd: »Du, Wilhelm, i glaub, mir machet des Gäule doch vorne nei.«

Der Satz aus Daimlers Mund, im breitesten Schwäbisch ausgesprochen, ist legendär. Seit 1898 gibt es wieder Fortschritte in der technischen Entwicklung der Automobile: Der neue Phönix-Motor bewährt sich. Daimler lässt den Motor für dieses Fahrzeug vorne einbauen. Vom Riemenantrieb gehen Daimler und Maybach auf den Antrieb mit Zahnrädern über. Ein leichter Vierzylinder-Motor entsteht und ein 6 PS starker

Rennwagen. Eine erste Bewährungsprobe besteht der Rennwagen bei der Österreichischen Alpenfahrt vom 27. bis 29. August 1898. Geschwindigkeiten von bis zu 45 Kilometern pro Stunde übersteht das Fahrzeug in den glühenden Sommertagen problemlos.

Drei Jahre nach Carl Benz präsentiert die Daimler-Motoren-Gesellschaft im Mai 1898 auch ihr erstes Omnibusprogramm. Am 2. Oktober 1898 nimmt ein Daimler-Omnibus den fahrplanmäßigen Verkehr zwischen Künzelsau und Mergentheim auf. Er bietet zehn Personen Platz. Im Auftrag der Postverwaltung übernimmt die private Buslinie die Postbeförderung auf der dreißig Kilometer langen Strecke. Sie gilt damit als die erste Kraftpostlinie Deutschlands. Daimler hatte die Strecke zuvor im Herbst 1897 mit einem Victoria-Wagen in einer Fahrzeit von knapp drei Stunden getestet.

Die Räder des Busses sind noch nicht gummibereift. Nach starken Regenfällen in der zweiten Woche bleibt der Bus einige Male auf der plattgewalzten Straße hängen. Bauern aus den nahen Ortschaften schieben den Bus wieder an. Ein Fass Bier ist der Lohn. Probleme entstehen auch, wenn in den Apotheken das Benzin ausverkauft ist.

Es ist also kein Wunder, dass am 15. Juli 1899 der Betrieb dieser Omnibus-Linie vorläufig wieder eingestellt wird. Aber Daimler und Maybach geben auch hier nicht auf.

Sie verbessern die Leistung und statten den Bus mit Einzelantrieb auf die Hinterräder aus.

Zuvor war es in Stuttgart schon zur Gründung eines anderen Personentransportunternehmens gekommen: der »Daimler-Motorwagen-Kutscherei«, dem ersten Taxi-Unternehmen der Welt. Als sich diese Daimler-Droschken-Kraftwagen am alten Bahnhof in Stuttgart und auch in der Nähe des Bahnhofes in Cannstatt in die Reihe der Pferdedroschken stellten, sorgte das aber zunächst für große Empörung unter den Kutschern. Auch sie mussten nun um ihre Existenz bangen und sparten nicht mit Hohn über die neue Konkurrenz, die ihnen der Stuttgarter Droschkenunternehmer Friedrich August Greiner beschert hatte.

    1896 hatte er unter der Auftragsnummer 1329 eine motorisierte Victoria-Kutsche mit Taxameter bestellt. Im folgenden Jahr war dieses erste Motortaxi der Welt von der Daimler-Motoren-Gesellschaft ausgeliefert worden. Im Mai 1897 nahm die »Daimler-Motorwagen-Kutscherei« den Betrieb auf.

    Das Fahrzeug kostete den Unternehmer Greiner 5530 Mark. Im Preis eingeschlossen waren das sogenannte Landaulet-Halbverdeck – ein Karosserieaufbau, der Schutz

Der Daimler-Riemenwagen Typ »Victoria« als Taxi. Das Bild zeigt rechts Paul Daimler, um 1897. Der 4 PS starke Zweizylindermotor gestattet eine Höchstgeschwindigkeit von 24 Kilometern pro Stunde.

gegen Sonne und Regen bot –, zwei Spritzleder sowie eine Reversiervorrichtung, die es ermöglichte, mit dem Wagen auch rückwärts zu fahren. Den Taxameter musste Greiner extra bezahlen. »Durchschnittlich durchfährt der Wagen 70 Kilometer im Tage«, berichtete die Zeitschrift »Der Motorwagen« im darauffolgenden Jahr in ihrer zweiten Ausgabe. Sonderlich schnell war das Fahrzeug nicht: Die durchschnittliche Geschwindigkeit lag bei 18, die Höchstgeschwindigkeit bei 24 Kilometern pro Stunde.

Äußerlich sah das erste Motortaxi beinahe wie eine Kutsche aus, der lediglich Deichsel und Pferdegespann fehlten. Dieser Anblick hätte bei der Kundschaft vermutlich fast vertrauenerweckend gewirkt, wäre da nicht das Geknatter des 5,5 PS starken Zweizylinder-Reihenmotors im Heck gewesen. Besonders für die allgegenwärtigen Zugpferde schien das Triebwerk mit finsteren Mächten im Bunde zu stehen. Die Gäule sollen beim Herannahen der Maschine schwer zu bändigen gewesen sein.

Der Wagen-Aufbau des ersten Daimler-Motortaxis entsprach einem Pferdedroschken-Landaulet. Bei kühler

Nun können Automobile auch gemietet werden: Die Konditionen der Cannstatter Motor-Droschken-Gesellschaft sind hier vermerkt.

Bedingungen.

Motortaxameter können für Tages= oder Halbtages=Touren bei Herrn Werkführer
Wilh. Bauer, Wilhelmstraße 24, — Telefon Nr. 54 — zu Ausnahmspreisen vorgemerkt
werden und kostet
1 Tag = 12 Stunden M. 25.—
½ Tag = 6 Stunden M. 15.—
sofern die Fahrten vom 1. April bis 30. September von Morgens 7 Uhr bis Abends 9 Uhr und vom 1. Oktober bis 31. März von Morgens 8 Uhr bis Abends 8 Uhr ausgeführt werden; jede weitere **angefangene** Stunde bei ganzen oder halben Tagen, sowie jede Stunde vor oder nach den angegebenen Tageszeiten kostet M. 3.—
Die Karte ist bei Beginn der Fahrt vom Fahrgast in Empfang zu nehmen und bei Ende der Fahrt unterzeichnet und mit An= und Abfahrtszeit eingetragen dem Kutscher wieder einzuhändigen.
Sind An= und Abfahrtszeiten **nicht** in der Karte vom Fahrgast eingetragen und die Karte **nicht** unterzeichnet, so tritt die Taxametertaxe in Kraft.
Mit der ausgefüllten Karte ist stets das **Fahrgeld dem Kutscher** zu bezahlen.

Cannstatter Motor-Droschken-Gesellschaft.
G. m. b. H.

Vom Lastkraftwagen bis zum Zeppelin

Witterung war der Fond des Vehikels beheizt. Bei schönem Wetter konnte das Landaulet-Holzkleid abgebaut werden.

Der Taxiunternehmer Greiner betrieb parallel zum Droschken- ein Mietwagengeschäft und verlieh zwei weitere Daimler-Motorkutschen, sogenannte »Jagdwagen«, tageweise mit Chauffeuren. Besonders häufig wurden diese Dienste von den höheren Herrschaften für Landpartien in Anspruch genommen. Einer der ersten Autochauffeure Deutschlands war der Stuttgarter Friedrich Frey. Als Zeichen seiner Würde trug er einen weißen Zylinder, der bei einer Panne natürlich ziemlich unpraktisch war. Denn jeder Fehler musste unterwegs vom Chauffeur selbst gefunden und behoben werden, denn Reparaturwerkstätten waren mehr als dünn gesät. Ging der Treibstoff aus, durfte der Chauffeur mit der Bahn oder einem Pferdefuhrwerk nach Stuttgart zurückfahren, um Nachschub zu holen.

Die Zeitgenossen gewöhnten sich am Ende aber doch recht schnell an das motorisierte Droschkengewerbe. Auch die ausländischen Kurgäste in Cannstatt benutzten das

Auf der Automobilausstellung in Paris 1898 stellten Gottlieb Daimler (Erster von rechts) und Wilhelm Maybach (Zweiter von rechts) einen neuen Lastwagen für fünf Tonnen Nutzlast vor. Die Lastwagen werden bald zu Verkaufsschlagern.

Vehikel bald zu Spazierfahrten. Und so begann letztendlich von Cannstatt aus der weltweite Siegeszug des Taxis.

Auch die Lastkraftwagen von Daimler entwickeln sich in diesen Jahren zu einem Verkaufsschlager: Erstmals zu sehen ist ein solcher Lastkraftwagen auf dem Cannstatter Volksfest 1897. Den ersten LKW liefert das Unternehmen an die British Motor Syndicat Ltd. in London aus. Er ist mit einem 4 PS starken Zweizylindermotor ausgerüstet. Zu einem der ersten heimischen Kunden zählt die Stuttgarter Speditionsfirma Paul von Maur, die heute noch tätig ist. Daimler reimt für seine Lastkraftwagen selbst einen Werbespruch:

>»Ein ›Daimler‹ ist ein gutes Tier,*
zieht wie ein Ochs, du siehst's allhier;
Er frißt nichts, wenn im Stall er steht
und sauft nur, wenn die Arbeit geht;
Er drischt und sägt und pumpt dir auch,
wenn's Moos dir fehlt, was oft der Brauch;
Er kriegt nicht Maul- und Klauenseuch
und macht dir keine dummen Streich.
Er nimmt im Zorn dich nicht aufs Horn,
verzehrt dir nicht dein gutes Korn.
Drum kaufe nur ein solches Tier,
dann bist versorgt du für und für.«

Um seine Vision von der umfassenden Motorisierung weiter zu verwirklichen, entwickelt Daimler 1899 auch einen Eisenbahn-Triebwagen mit einem 25-PS-Motor. Der durchkonstruierte Wagen für den Schienenverkehr wird im Winter 1899/1900 fertiggestellt. In Vertretung des schwer kranken Vaters überwacht Paul Daimler die letzten Arbeiten an dem Fahrzeug.

Der Wagen findet zwar großen Anklang und wird außer auf den württembergischen Eisenbahnstrecken auch in Sachsen, Österreich und Ungarn eingesetzt. In diesem Fall bleibt der Durchbruch des Daimler-Fahrzeugs für die Schiene aber aus. Die Württembergische Staatseisenbahn nimmt

Der erste Aufstieg vom lenkbaren Luftschiff des Grafen von Zeppelin.

fünf Stück in Betrieb, von denen immerhin zwei bis 1914 unterwegs sind. In Sachsen bleibt der Daimler-Schienenwagen ein Einzelstück. Grund für das Scheitern: Die Motoren sind einfach zu schwach für die schweren Eisenbahnfahrzeuge. Nötig wäre etwa die dreifache Motorleistung, was aber zu dieser Zeit noch nicht realisierbar ist. Der Triebwagen kann deshalb keine Anhänger ziehen, und die Kupplungen der Gangschaltungen verschleißen zu schnell.

Erst mit dem Aufkommen von Dieselmotoren 20 Jahre nach Daimlers Tod im Jahr 1900 wurden Verbrennungsmotoren für die Eisenbahn sinnvoll.

Erfolgreicher als das Schienenprojekt verlief eines, mit dem die Daimler-Motoren im eigentlichen Wortsinn in die Luft gingen: Nachdem das erste Ballon-Projekt mit dem später tödlich verunglückten Leipziger Buchhändler Friedrich Hermann Wölfert im Jahr 1888 nicht weitergetrieben

12 000 Menschen säumen am 2. Juli 1900 beim ersten Aufstieg der »Riesenzigarre« das Bodenseeufer. Der Zeppelin »Z1« wird mit Daimler-Motoren angetrieben. Gottlieb Daimler hat die Jungfernfahrt des Luftschiffs nicht mehr erleben dürfen.

worden war, sollte die Begegnung Gottlieb Daimlers mit dem Luftfahrtpionier Graf von Zeppelin nachhaltiger wirken.

Graf von Zeppelin beschäftigte sich ab 1890 voll und ganz mit der Entwicklung von Starrluftschiffen und entwickelte schon zwei Jahre später einen Prototyen. Mit Hilfe eines Daimler-Motorboots erprobte er auf dem Bodensee Formen der Luftschrauben. Für die weiteren Konstruktionsarbeiten an seiner Luftschiffidee richtete sich Zeppelin dann ein Büro in Stuttgart ein.

Von dort aus besucht er häufig die Daimler-Motoren-Gesellschaft und ist auch gern gesehener Gast in der Villa in der Taubenheimstraße. 1899 entwickelt Daimler zwei Motoren für das Luftschiff, die noch vor seinem Tod fertiggestellt werden. Zehn Tage nach Daimlers Ableben am 6. März 1900 fährt Wilhelm Maybach nach Manzell an den Bodensee. Er leitet den Einbau der 14-PS-Motoren in die Gondeln. Im Sommer ist es dann so weit: Am Montag, 2. Juli, nimmt Graf von Zeppelin in der schwimmenden Halle auf dem Bodensee seine weiße Mütze ab. Der Herr mit dem markanten weißen Zwirbelbart bittet um den Segen Gottes für sein Luftschiff. Um 20.03 Uhr steigt der Graf mit seinem gelben Prototyp 400 Meter hoch in den Himmel über dem Bodensee. Rund 12 000 Menschen säumen das Seeufer, beobachten von Booten aus den ersten Aufstieg der 128 Meter langen »Riesenzigarre«. Nach fast sieben Kilometern ist die Jungfernfahrt jedoch zu Ende. Graf Zeppelin muss mit seinen fünf Passagieren auf dem Wasser notlanden.

Viel später, anlässlich des 25-jährigen Betriebsjubiläums der Daimler-Motoren-Gesellschaft, wird Graf von Zeppelin mit den Worten gratulieren: »Der Daimler-Motor war es, mit dem ich die erfolgreichen Fahrten meiner Luftschiffe begonnen habe.«

Graf von Zeppelin, der am 8. März 1917 gestorben ist, war aus ähnlichem Holz geschnitzt wie Gottlieb Daimler. Beharrlich verfolgte er sein Ziel, verspottet als »Narr vom Bodensee« und von Kaiser Wilhelm II. (zunächst) als der »Dümmste aller Süddeutschen« bezeichnet. Auch er ließ

sich von Rückschlägen nicht beirren: »Für mich steht na-
turgemäß niemand ein, weil keiner den Sprung ins Dunkel
wagen will. Aber mein Ziel ist klar und meine Berechnun-
gen sind richtig«, lauteten seine berühmtesten Worte.

Den Erfolg des Zeppelins erlebt Daimler nicht mehr. Zu den
letzten wichtigen geschäftlichen Verhandlungen, die Daimler noch selbst führt, zählt die Gründungsvorbereitung einer »Österreichischen Daimler-Motoren-Gesellschaft«.

Die Daimler-Motoren sollen in Österreich künftig in den
Werkstätten der Brüder Fischer in Wiener Neustadt produ-
ziert werden. Für die technische Leitung ist Paul Daimler
vorgesehen. Durch die Erkrankung des Vaters 1899 scheitern diese Pläne jedoch zunächst. Die Söhne Paul und Adolf
sind in dieser Zeit in Cannstatt unentbehrlich.

Erst am 1. Januar 1902 kann Paul Daimler die Produktion in Österreich übernehmen. Auf den Posten des Technischen Direktors der Österreichischen Daimler-Motoren-
Gesellschaft folgt im Juli 1906 dann ein Mann, der seinerseits
Automobilgeschichte schreiben wird: Ferdinand Porsche.

Doch es war nicht Porsche, der der Entwicklung der
Daimler-Motoren-Gesellschaft eine entschei-
dende Wendung geben sollte, sondern ein anderer Österreicher.

Der Herr Mercedes

»Also wie? Also was?
Also schon! Also gleich!«

»Da ist er wieder«, wispern die wenigen Menschen, die an diesem Vormittag ein paar Kilometer südlich der Kurstadt Baden bei Wien die Dorfstraße von Leobersdorf beleben. Er, das ist ein Mann von etwa 40 Jahren, von gedrungener Statur, mit einem mächtigen blonden Backenbart im Gesicht und einem seltsamen Tropenhelm auf dem Kopf. Doch mehr noch als seiner exzentrischen Erscheinung gilt die Aufmerksamkeit der Dörfler dem Vehikel, mit dem er in unregelmäßigen Abständen die staubigen Straßen der Gegend unsicher macht: einer dieser neumodischen Motorwagen. Wer genau hinschaut, erkennt vorne am Wagen in geschwungenen Lettern den Namen des Herstellers: Benz. Als plötzlich ein vorwitziger Straßenköter die Fahrbahn kreuzt, greift der Mann zur Bremse, dreht am kleinen Steuerrad, um dem Kläffer auszuweichen. Das Fahrzeug schlingert, der Wagen kippt um und wirft seinen Fahrer in den Staub. »Sapperdi noch eins!«, flucht der Mann in Richtung einer herbeigeeilten Frau und klopft sich den Staub von den Knickerbockerhosen, die so exzentrisch sind wie sein Helm. »Das kann doch nicht sein, dass ein blöder Hund ein Automobil zum Umfallen bringt! Mit solch einem dämlichen Lenkrad kann man doch nie und nimmer schnell und sicher

ausweichen! Und diese Kutschen-räder sind ja wohl der allergrößte Unfug! Ich, Emil Jellinek, suche mir jetzt eine Firma, die mir ein richtiges Automobil baut. Und zwar genau so, wie ich es will.«

Kurz nach diesem Vorfall liest der Versicherungsagent Emil Jellinek, der in Baden bei Wien lebt, 1897 in der illustrierten Wochenschrift »Fliegende Blätter« ein Inserat der Daimler-Motoren-Gesellschaft im württembergischen Cannstatt. Autos interessieren den Mann schon lange. Erste Bekanntschaft mit Motorfahrzeugen hat er in Frankreich, dem Stammland seiner Versicherungsgesellschaft, gemacht. Unter anderem hatte er eines der ersten De-Dion-Bouton-Dreiräder besessen – das französische Unternehmen war bis 1900 der größte Automobilhersteller der Welt.

Bevor Emil Jellinek die Autos für sich entdeckte, war er begeisterter Radfahrer. Den Tropenhelm trug er sommers unter freiem Himmel fast ständig.

Zuletzt hatte sich Jellinek den Benz-Wagen zugelegt. Carl Benz exportiert die Fahrzeuge seiner Benz & Cie. Rheinische Gasmotorenfabrik erfolgreich von Mannheim nach Frankreich, wodurch das Unternehmen um 1900 zur größten Automobilfabrik der Welt wird. Jellinek hatte den Benz Patent-Motorwagen Victoria für besser befunden als die französischen Fabrikate, doch seit seinem peinlichen Unfall, über den die Leute noch lange lachten, ist das Benz-Automobil für ihn passé.

Als er auf das Inserat von Daimler stößt, reist er persönlich nach Cannstatt, um sich die Fahrzeuge, das Werk und seine Chefs anzuschauen. Vom ersten Treffen von Gottlieb Daimler und Emil Jellinek ist nichts überliefert, auch gibt es über ihr weiteres persönliches Verhältnis keine Berichte. Sie kannten einander, das steht fest, und Gottlieb Daimler begreift rasch, welch wichtige Person ihm das Schicksal aus Baden bei Wien nach Cannstatt gesandt hat.

Jellinek bestellt einen der Daimler-Wagen und nimmt ihn am 16. Oktober 1897 in Empfang. Er ist von der fortschrittlichen und durchdachten Technik angetan. Und doch überwiegt die Enttäuschung: 24 Kilometer pro Stunde Höchstgeschwindigkeit sind zwar Stand der Technik dieser Zeit, doch ihm sind sie viel zu wenig. Er will ein Auto, das mindestens 40 Kilometer pro Stunde fährt, weil er der Meinung ist: »Das hält der Daimler-Wagen aus. Außerdem muss ein Motorfahrzeug deutlich schneller sein als eine Pferdekutsche, denn sonst gäbe es keinen Grund, von der Kutsche auf ein Automobil umzusteigen.« Wenn man seinen Wünschen entspricht, stellt er in Aussicht, gleich vier Stück dieser schnelleren Wagen zu bestellen.

Jellinek berauschte sich schon immer an Geschwindigkeit, wird später viel Geld für immer schnellere Motorboote ausgeben und soll in jungen Jahren als kaufmännischer Angestellter einer k.u.k.-Eisenbahngesellschaft einen Lokomotivführer überredet haben, ihn an den Regler einer

Emil Jellinek und sein Chauffeur Hermann Braun in Baden bei Wien im Jahr 1898. Die beiden hatten Jellineks ersten Daimler in Cannstatt selbst abgeholt. Jellinek missfielen die geringe Geschwindigkeit und der mittig eingebaute Motor. Die folgenden Daimler-Wagen hatten den Motor dann vorn.

Emil Jellinek liebte die Repräsentation. 1907 wurde er Generalkonsul der Donaumonarchie in Nizza bzw. Monaco, kurze Zeit später Konsul von Mexiko. Entsprechend prächtig sah seine ordensgeschmückte Uniform aus.

Dampflokomotive zu lassen. Dass er sich dann auf freier Strecke über jede Geschwindigkeitsvorgabe hinwegsetzte, soll einer Jellinek'schen Familienlegende zufolge nicht nur den Lokomotivführer in Angst um sein Leben versetzt, sondern auch Jellineks Karriere als Eisenbahnangestellter jäh beendet haben. Solche Abgänge mit Paukenschlag sind ein sich oft wiederholendes Thema im Leben Emil Jellineks. Auch die Beziehung zur Daimler-Motoren-Gesellschaft wird nicht im Frieden enden.

Er wird als österreichischer Staatsbürger 1853 in Leipzig geboren. Sein Vater ist Adolf Jellinek, ein aus Mähren stammender Religionswissenschaftler, Rabbiner und Prediger, der ab 1857 in Wien an der neuen Synagoge lehrt und predigt. Emil hat zwei Brüder, die es dem Vater nachtun und Gelehrte werden. Er selbst schlägt komplett aus der Art. Er hat als Kind nichts als Unsinn im Kopf, ist nicht zu disziplinieren, fliegt als Heranwachsender von jeder Schule, verschleißt einen Hauslehrer und brüskiert an einem Internat einen leibhaftigen deutschen Fürsten, den er nach dessen Höflichkeitsbesuch an der Schule als Esel schmäht. Eine Universität wird Jellinek nie sehen, er hat kaum einen zählbaren Schulabschluss. Aber er hat Talente: Er kann den Menschen im Brustton der Überzeugung das Blaue vom Himmel versprechen, er kann begeistern, und er hat ein Gespür dafür, wo ein Geschäft zu machen ist. Sein Sohn Guy Jellinek-Mercédès wird später im biographischen Werk »Mein Vater, der Herr Mercedes« von schauspielerischen Einlagen seines Vaters bei Familienfesten berichten und davon, dass Emil Jellinek heimlich von einer Karriere als Berufsschauspieler träumte.

Nach dem Rauswurf bei der Eisenbahngesellschaft organisiert Emil Jellineks Vater, der als Wiener Rabbiner Zugang zu höchsten Kreisen hat, für das schwarze Schaf der Familie eine Tätigkeit als Handelssekretär in der kaiserlichen und königlichen Botschaft Österreichs in Marokko. Eine Tätigkeit als Schreiber also, doch er berichtet an einen Freund in Wien: »[...] bin jetzt der kais. u. königl. österr.-ungar. Vice-Consul in Tetuan.« Ist es nur Hochstapelei, so etwas zu behaupten, oder steckt dahinter die Vorahnung, wohin sein Weg geht? Auch diese Ambivalenz, ins Blaue zu spekulieren und damit künftige Entwicklungen anzustoßen, wird für Jellineks Verhältnis zur Daimler-Motoren-Gesellschaft prägend sein.

1884 kehrt Emil Jellinek nach Wien zurück. In den zwölf Jahren in Nordafrika hat er sich verheiratet, sich aus dem diplomatischen Dienst verabschiedet, war mit einer Handelsgesellschaft für Tabak – vermutlich unverschuldet – bankrottgegangen, war Agent einer französischen Versicherungsgesellschaft geworden. In diesem Metier hatte er endlich eine Tätigkeit gefunden, die seinen Talenten entsprach und ihn zu großem Wohlstand brachte. Die Zeit in Nordafrika hat sichtbare Spuren hinterlassen. Jellinek verträgt die europäischen Winter nicht mehr und hat übertriebene Sorgen, sich einen Sonnenstich zu holen. Also überwintert er im Süden Frankreichs, in Nizza, wo er ein weiteres Büro eröffnet. Und in Baden bei Wien zeigt er sich sommers grundsätzlich mit einem schneeweißen Tropenhelm, der ihm zusammen mit seinem mächtigen, blonden Backenbart und dem Zwicker auf seiner Nase den Spitznamen »verrückter Engländer« einbringt. 1889 wird der verrückte Engländer in Wien Vater seiner ersten Tochter. Sie erhält den Namen Mercédès Adrienne Ramona Manuela.

Mercédès Adrienne Ramona Manuela Jellinek wurde 1889 geboren. Als ihr Vorname zum Markennamen wurde, nannte auch ihr Vater sich Jellinek-Mercédès und sagte, er sei wohl der erste Vater, der den Namen seiner Tochter annehme. Das Bild zeigt sie im Jahr 1900.

Als er 1897 seine Enttäuschung über die geringe Geschwindigkeit seines ersten Daimler-Wagens äußert, erhält er aus Cannstatt die Antwort, die 24 Kilometer pro Stunde seien bisher von allen Seiten als zufriedenstellend empfunden worden. Sohn Guy schreibt über Emil Jellinek, der Leitspruch seines Vaters habe gelautet:»Also wie? Also was? Also schon! Also gleich!« Die erwartete Antwort aus Cannstatt entlockt Jellinek nur ein »Papperlapapp!«. Und außerdem müsse der Motor des Wagens von der Fahrzeugmitte nach vorn versetzt werden.

Der Köder, den Emil Jellinek den Herren Gottlieb Daimler und Wilhelm Maybach auslegt, ist die Bestellung von weiteren vier Fahrzeugen, die er an Kunden vermitteln möchte. Wenig später legt er nach: Wenn Daimler ihm Motoren mit vier statt zwei Zylindern und höherer Leistung baue, wolle er sechs dieser Wagen bestellen. Diesen Trick wird Jellinek auch über den Tod Gottlieb Daimlers hinaus immer wieder anwenden:»Baut mir die Autos, die ich will (beziehungsweise von denen ich denke, dass die Kunden sie wollen), und ich sorge dafür, dass eure Fabrik Arbeit hat.«

Ab 1898 vertreibt Jellinek offiziell die Daimler-Wagen, und zu seiner Marketing-Strategie gehört, dass er das Auto auch als Sportgerät begreift. Autos mögen praktisch und nützlich sein, doch als Sportgerät erst werden sie begehrenswert. Um 1900 geht es bei den Rennen vor allem darum, die Haltbarkeit und zuverlässige Funktion der Fahrzeuge zu beweisen. Und natürlich wetteifern die Automobilhersteller darum, mit Siegen ihre Fabrikate zu bewerben. Emil Jellinek schreibt an Wilhelm Maybach, als Daimler früh im Jahr 1900 nach einem tödlichen Rennunfall von dieser Raserei Abstand nehmen will:»Siege machen weltberühmt! Man kauft die siegreiche Marke und wird sie immer kaufen.« Statt nach diesem Unfall auszusteigen, solle Maybach besser ein neues Fahrzeug konstruieren, mit dem ein solcher Unfall gar nicht passiere. Aus diesem Anstoß heraus entsteht ein Automobil, dessen Name um die Welt gehen wird: Mercedes.

Ohne die Rennwochen in Nizza, die immer im Februar stattfinden, wäre Daimler wohl nicht so rasch zu einem

bedeutenden Unternehmen herangewachsen. Und es hätte keinen Markennamen Mercedes gegeben. Seinerzeit war es üblich, dass Rennfahrer, die nicht unbedingt öffentlich zu ihrem gefährlichen Hobby stehen wollten, unter einem Pseudonym zu den Rennen antraten. Der Baron und Kinderarzt Henri-James de Rothschild etwa ging als Dr. Pascal an den Start. Jellinek meldete die Daimler-Wagen unter dem Pseudonym »Mercédès« an, dem Rufnamen seiner zu diesem Zeitpunkt einzigen Tochter. Hinter dem rätselhaften Pseudonym verbargen sich Fahrer der Daimler-Motoren-Gesellschaft, die aus Deutschland anreisten.

Jellinek selbst hat bei Rennen vermutlich nie am Steuer gesessen – er war kein herausragender Fahrer und seit einem Reitunfall auch körperlich eingeschränkt. Lange wurde angenommen, Mercédès sei ein Kosename der Jellinek-Tochter gewesen, doch vor kurzem wurde die Geburtsurkunde der 1889 geborenen späteren Baronin gefunden. Sie, die nur 40 Jahre alt wurde, hieß seit ihrer Taufe Mercédès. Nach allem, was heute bekannt ist, besaß sie nie einen Mercedes und fuhr auch keinen – sie hatte keinen Führerschein. Ihr Name lebt in der Automobilmarke weiter, und auch ihr Gesicht ist verewigt worden: Nach ihrem Bild formte 1903

1901 präsentiert Emil Jellinek den ersten »richtigen« Mercedes, das Modell 35 PS, bei der Rennwoche in Nizza. An seiner Seite vermutlich wieder Chauffeur Hermann Braun.

der Bildhauer Josef Valentin Kassin die Undine des Undine-
brunnens in Baden bei Wien, wo die Familie Jellinek lebte.

Die Daimler-Wagen sind 1899 und 1900 bei den Rennen
in Nizza so überlegen und erfolgreich, dass Jellinek anregt,
den Namen »Mercédès« als Produktname für jenes Modell
zu übernehmen, das Wilhelm Maybach ihm für die nächs-
te Renn- und Verkaufssaison konstruieren soll. Die Motoren-Gesellschaft würde den Wagen gerne »Neuer Daimler«
nennen, Jellinek aber besteht auf dem Namen »Mercédès«.
Man einigt sich zunächst auf den Kompromiss »Daimler-
Mercédès«. Laut Guy Jellinek-Mercédès soll sein Vater in
der betreffenden Aufsichtsratssitzung gesagt haben: »[Der
Name Mercédès] ist fremdartig und anziehend, man spricht
ihn leicht aus, er klingt gut. Vertreibt, wenn ihr wollt, neue
Daimler oder Daimler-Mercédès, ich werde nur Mercédès-
wagen verkaufen.«

Nun beginnt die Zeit, in der sich das partnerschaftliche
Verhältnis zwischen Emil Jellinek, dem Promoter der Cannstatter Produkte, und der Daimler-Motoren-Gesellschaft
endgültig zu einem belasteten entwickelt. Jellinek setzt die
Cannstatter, um seine fast exklusive Bedeutung wissend,
zunehmend unter Druck – technisch wie kaufmännisch. Er
bombardiert Wilhelm Maybach, der nach Daimlers Tod ohne
dessen Rückhalt Fahrzeuge konstruiert, bei der Entstehung
dieses Daimler-Mercédès fortlaufend mit Änderungswün-
schen, lässt sich Teile schicken und verwirft sie barsch als
»ungeeignet« und »Unfug«. Dazu bedient er sich geschickt
auch des Kommunikationsmittels Telegraphie, was den
Cannstattern das Gefühl vermittelt, sie stünden unabläs-
sig unter Kontrolle. Die Konstruktionsabteilung berichtet
an den Vorstand: »Herr Jellinek hat beinahe einen ganzen
Wagen nach und nach als Reserve verlangt. Die von ihm ver-
langten fortwährenden Änderungen machen eine Fabrikation nachgerade unmöglich.«

Eigentlich völlig unmöglich, mit diesem Herrn zusam-
menzuarbeiten, wären da nicht seine Bestellungen. Vom Modell des Jahres 1901 nimmt Jellinek 36 Stück ab und lastet
das Werk beinahe ein Jahr lang aus. 1902 gibt er zunächst

60 Autos in Auftrag, wieder eine ganze Jahresproduktion, und erhöht die Bestellung kurz darauf auf über 100 Autos, verbunden mit der Bedingung, dass sein Auftrag absolute Priorität habe und kein weiterer Kunde bedient werde. Kein Wunder, dass der schüchterne Versuch der Motoren-Gesellschaft, die Fahrzeuge ab 1902 erneut als »Daimler« zu vermarkten, versandet. Jellinek setzt sich durch und wird bald darauf wirklich zum »Herrn Mercedes«.

1903 gestattet das zuständige Bezirksamt in Wien dem »Hausbesitzer Emil Jellinek, Frau und Kindern« die Änderung ihres Nachnamens in »Jellinek-Mercédès«. Immerhin hatte sich die Daimler-Motoren-Gesellschaft die Markenrechte am Produktnamen »Mercédès« eintragen lassen; ab 1909 und nach dem Ende der Geschäftsbeziehung zu Emil Jellinek verwendet man Mercedes in der Schreibung ohne französische Betonungszeichen.

Über die genauen Hintergründe des Ausstiegs von Emil Jellinek aus den Geschäften mit Mercedes gibt es keine schriftlichen Dokumente. 1908 zog er sich aus dem Handel mit Mercedes-Automobilen zurück, 1909 legte er seinen Aufsichtsratsposten nieder. Vermutlich hatte man die Lust aneinander verloren, und Jellinek war vom Misserfolg seiner letzten Projekte enttäuscht: Er hatte – und das klingt irgendwie modern – auf alternative Antriebe und einen preiswerten Kleinwagen gesetzt.

Nachdem Paul Daimler 1905 seine Funktion als Gesellschafter und Leiter der Österreichischen Daimler-Motoren-Gesellschaft abgegeben hatte, um nach Untertürkheim

Der Name eines kleinen Mädchens wurde von 1900 an zu einem der heute wertvollsten Markennamen der Welt.

zurückzukehren, installierte das Aufsichtsratsmitglied Emil Jellinek seinen Landsmann Ferdinand Porsche als Technischen Direktor des Unternehmens in Wiener Neustadt. Jellinek gründete eine neue Gesellschaft, um die dort hergestellten Fahrzeuge zu vertreiben: die Société Mercédès Electrique. Sie sollte Elektrofahrzeuge vermarkten: batteriebetriebene Mercédès Electrique sowie Mercédès Mixte Hybridfahrzeuge. Das mutet heute erstaunlich an, doch zu Beginn des 20. Jahrhunderts lag der Siegeszug des Benzinmotors noch in der Zukunft: Die Antriebsalternativen hießen Dampf und Elektrizität.

Außerdem sollte ein mit dem Kosenamen seiner 1906 geborenen Tochter aus zweiter Ehe – Andrée, genannt »Maja« – vermarkteter Kleinwagen den Erfolg wiederholen,

Französische
Mercedes-Filiale
in Paris um 1914:
Den Siegeszug
der Marke erlebte
Gottlieb Daimler
nicht.

den »Mercedes« hatte. Doch die »Maja-Wagen« hatten nicht die Qualität, die den Daimler-Wagen knapp zehn Jahre zuvor zum Durchbruch verholfen hatte. Keines der neuen Projekte brachte Geld ein.

Daimler-Motoren interessierten Jellinek nun nur noch als Antrieb für immer schnellere Rennboote. Doch auch bei dieser Art von Rennsport blieb der Erfolg aus, der so lange sein ständiger Begleiter gewesen war. Der Erste Weltkrieg brachte Jellineks Welt dann vollends zum Einsturz: Er, der mittlerweile österreich-ungarischer Generalkonsul geworden war, musste Frankreich verlassen. Seine französische Ehefrau war in Österreich nicht willkommen. Das Ehepaar ging ins Exil nach Genf, wo Jellinek 1918 starb.

Emma Daimler
geb Kurtz
geb. 29. Apr. 1843 gest. 28. Juli 1889.

Wilhelm Daimler
geb. 4. Juli 1881 gest. 6. März 1896.

Gottlieb Daimler
Ingenieur u. Komerzienrath
geb. 17. März 1834 in Schorndorf
gest. 6. März 1900 in Cannstatt.

Psalm 37.6.

Große Trauer um ein Jahrhundert-Genie

»Andere wären von solchen Erfolgen geblendet worden«

Anfang März, 1900. Der Medizinalrat tritt an diesem frühen Abend aus Daimlers Schlafzimmer. Bereits am Vormittag hat er in der Taubenheimstraße nach dem kranken Daimler gesehen. Dem Patienten geht es sehr schlecht. Daimler hat heftige Atembeschwerden, seine Gesichtshaut ist fahl, die Lippen sind bläulich gefärbt. Er redet kaum noch, nur noch selten ist er bei klarem Verstand. Der Mediziner packt mit ernster Miene das Stethoskop in seine Arzttasche. Dann drückt er Lina Daimler fester als sonst die Hand. Sie ahnt, was das zu bedeuten hat, weicht dem Blick des Arztes aus. In den vergangenen Nächten hat sie kaum geschlafen, hat fast immer an Daimlers Bett gewacht. Nun fürchtet sie, dass der Vater ihrer beiden kleinen Kinder seinen in wenigen Tagen bevorstehenden Geburtstag nicht mehr erleben wird.

Vor der Jahrhundertwende hatte sich der Gesundheitszustand von Gottlieb Daimler zusehends verschlechtert. Eine Angina pectoris führte zu schweren Herzkrämpfen, worauf er sich, trotz der Mahnung der Ärzte, sich dringend einem längeren Sanatoriumsaufenthalt

zu unterziehen, nur zu einem drei-
wöchigen Aufenthalt im Hotel »Zur
Post« in Urach durchrang.

Im Spätherbst 1899 kehrt Daimler aus Urach zurück. Sich ganz aus
dem Geschäftsleben zurückzuzie-
hen, dazu ist er noch nicht bereit.
Seine Söhne Paul und Adolf müssen
ihm, selbst als er bettlägerig ist, aus
dem Unternehmen täglich berichten.
Daimler besteht sogar darauf, mit
dem neuen Modell des Phönix-Wa-
gens eine Ausfahrt auf die Höhen
von Fellbach zu machen. Dort hatte
Daimler ein Grundstück ausgekund-
schaftet, das er für einen Fabrikneu-
bau in die engere Wahl zu nehmen
gedachte. Auf der Heimfahrt, er ist
allein mit Chauffeur unterwegs,
klagt er über starke Schmerzen in
der Brust. Wohl als Folge eines Herz-
infarkts kippt er vom Sitz und fällt
auf die Straße. Seinem Fahrer un-
tersagt er danach, mit anderen über
den Zwischenfall zu sprechen, auch
seine Frau Lina soll nichts erfahren.

Nach einigen Tagen Bettruhe
geht es ihm scheinbar wieder besser,
so dass er sich am 10. Januar 1900
in der Lage fühlt, ein einstündiges
Gespräch mit Max von Duttenhofer
zu führen. Doch damit übernimmt er
sich: Das Zusammentreffen mit seinem Widersacher strengt ihn so sehr
an, dass er anschließend erneut das
Bett hüten muss.

Anfang Februar verschlechtert
sich sein Gesundheitszustand. Sein

Gedächtnis lässt nach, zeitweise verwechselt er die Namen seiner Kinder. Eine Wassersucht verschlimmert seinen Zustand dann immer weiter. Am 6. März 1900, morgens um drei Uhr, stirbt Gottlieb Daimler im Kreis seiner Familie. Als Todesursache stellt der Arzt einen schweren Herzfehler infolge Überarbeitung fest.

Zwei Tage nach seinem Tod wird Gottlieb Daimler um 16 Uhr auf dem Cannstatter Uff-Kirchhof beigesetzt. Es ist ein gewaltiger Trauerzug, der sich von der Taubenheimstraße 13 zum nahe gelegenen Friedhof bewegt. Der Sarg wird von den ältesten Meistern der Daimler-Motoren-Gesellschaft getragen, die ganze Belegschaft folgt. Zahlreiche Trauergäste aus dem In- und Ausland geben Daimler das letzte Geleit. Nur Duttenhofer fehlt. Er hat sich aus Berlin entschuldigt. Der König von Württemberg und Graf von Zeppelin haben prächtige Kränze geschickt. Die Trauerfeier wird von einem Doppelquartett von Cannstatter Lehrern musikalisch umrahmt. Sie stimmen den Choral »Mein
Glaub ist meines

Todesanzeige des Aufsichtsrats, unterzeichnet von Max von Duttenhofer.

Heute früh wurde der

Vorsitzende unseres Aufsichtsrats

Herr Commerzienrat Gottlieb Daimler

von schwerem Leiden durch einen sanften Tod erlöst.

Wir betrauern in dem Verblichenen den Erfinder und Begründer der Automobil-Industrie, dessen Energie und unermüdlicher Schaffenskraft die Entwicklung dieses neuen Verkehrsmittels zu seiner heutigen Vollendung in erster Linie zu verdanken ist und wodurch er sich für alle Zeit ein ehrenvolles Andenken gesichert hat. —

Dem treuen Freunde werden wir stets ein dankbares Andenken bewahren.

CANNSTATT, 6. März 1900.

Der Aufsichtsrat
der
Daimler-Motoren-Gesellschaft.
Geh. Commerzienrat **M. v. Duttenhofer**
stellv. Vorsitzender.

Lebens Ruh« an. In seiner Trauerrede weist der Cannstatter Stadtpfarrer Conz auf die Bedeutung des Verstorbenen hin: »Durch seine Erfindung wurde eine ganz neue Industrie ins Leben gerufen. In Deutschland, England und Frankreich erzielten die von ihm gebauten Wagen zahlreiche Preise und siegten in jedem Rennen. Andere wären von solchen Erfolgen geblendet worden. Der Entschlafene – auch darin zeigt sich seine echt schwäbische Art – blieb derselbe einfache Mann in seinem Privatleben wie zuvor und arbeitete ruhig weiter, bei jedem Erfolg wieder nach Besserem ringend. Nicht der äußere Schein seiner Erzeugnisse, sondern die unbedingte Zuverlässigkeit derselben waren sein Ehrgeiz.«

Das Grab der Familie Daimler auf dem Uff-Kirchhof in Stuttgart-Bad Cannstatt.

Quellennachweis

Archiv
Mercedes-Benz Classic,
Archive, Bestand Daimler.

Literatur
Daimler AG (Hg.): Daimler
Chronik. Stuttgart 2011.

Elis, Angela: Mein Traum ist
länger als die Nacht. Wie
Bertha Benz ihren Mann zu
Weltruhm fuhr. Hamburg
2010.

Frankenberg, Richard von
und Matteucci, Marco:
Geschichte des Automobils.
Künzelsau 1973.

Hildt, Ines: Schorndorf zur Zeit
der Revolution von 1848.
Heimatblätter, Jahrbuch für
Schorndorf und Umgebung.
Schorndorf 1997.

150 Jahre Gottlieb Daimler.
Ausstellungskatalog,
Schriftenreihe Stadtarchiv
Schorndorf. Schorndorf
1984.

Kirchberg, Peter und Wächtler,
Eberhard: Carl Benz,
Gottlieb Daimler, Wilhelm
Maybach. Leipzig 1981.

Kuberzig, Kurt: Gottlieb Daimler. Die Fahrt im Teufelsau-
to. Schloß Bleckede a. d.
Elbe 1950.

Lohß, Hedwig: Durchs Guck-
fenster. Jugenderinnerun-
gen aus dem alten Stuttgart.
Mühlacker 1972.

Niemann, Harry: Gottlieb
Daimler. Fabriken, Banken
und Motoren. Stuttgart
2000.

Niemann, Harry: Mythos
Maybach. Stuttgart 2003.

Pein, Max-Gerrit von:
Mercedes-Benz Taxi. Ein
Stern für das mobile Gewer-
be. Konstanz 1996.

Schildberger, Friedrich:
Gottlieb Daimler und Karl
Benz. Göttingen 1976.

Schmidt, Uwe: Geschichte
der Stadt Schorndorf.
Stuttgart 2002.

Schrempp. Jürgen E.:
100. Todestag Gottlieb
Daimler. Rede vom 6. März
2000. Daimler-Chrysler
Classic. Stuttgart 2000.

Seiffert, Reinhard: Die Ära
Gottlieb Daimlers. Neue
Perspektiven zur Frühge-
schichte des Automobils
und seiner Technik. Wies-
baden 2009.

Siebertz, Paul: Gottlieb Daimler. Ein Revolutionär der
Technik. München 1942.

Stöckle, Frieder: Altes
Handwerk im 20. Jahr-
hundert. Dörfliche
Arbeits- und Lebenswelten
in Nord-Württemberg.
Silberburg-Verlag 1993.

Wandel, Uwe-Jens: Gottlieb
Daimler und Schorndorf,
1883–1900. Schorndorf
1984.

Weber, Reinhold; Steinbach,
Peter; Wehling Hans-Georg
(Hg.): Baden-Württember-
gische Erinnerungsorte.
Stuttgart 2012.

Winkelbach, Renate: Auf
Staats- und Vicinalstraßen
unterwegs. Schriftenreihe
des Kreisarchivs. Waiblin-
gen 2008.

Bildnachweis

Archiv Bruderhaus-Diakonie,
Reutlingen: Seite 51, 52.

Archiv Daimler AG: Umschlagvorderseite, Vordere Um-
schlagklappe unten, Karte
links oben, Seite 1–15,
19, 24, 25, 28, 30, 40, 41,
43, 47–49, 54, 57–63, 66,
68, 71, 73–105, 108 oben,
109–118, 120, 126, 127, 129,
132–135, 140–151, 155, 156,
Umschlagrückseite.

Archiv Jürgen Dobler, Schorndorf: Seite 21, 26, 27, 29.

Archiv Jürgen Ranger: Seite 45.

Archiv Reinhold Zeyher,
Schorndorf: Seite 16.

Uli Reinhardt, Zeitenspiegel:
Karte links unten, Seite 122,
124, 128, 152, 157.

Niels Schubert: Seite 72.

Stadt Schorndorf: Karte rechts
oben und rechts Mitte.

Dank

Wir danken dem Team des
Silberburg-Verlags für die gute
Zusammenarbeit. Unser Dank
gilt insbesondere dem Lektor
Torsten Schöll. Aber auch
vielen anderen. An erster Stelle
nennen wir hier Wolfgang
Rabus vom Daimler-Konzern-
archiv sowie Jochen Fischer
für seinen Beitrag in diesem
Buch. Unser Dank geht auch
an: Roland Buggle, Irmgard
Daudel, Jürgen Dobler,
Isolde Dobler-Altrichter, Edith
Holzer-Böhm, Bernd Krötz,
Andreas Krohberger, Uli
Reinhardt, Erhard Schaukal,
Reinhard Seiffert, Martin
Thomä und Ursula Wehinger.